できるビジネス

縦横無尽に未来を描く
人生100年時代の転身術

ライフピボット

LIFE PIVOT

黒田悠介
Kuroda Yusuke

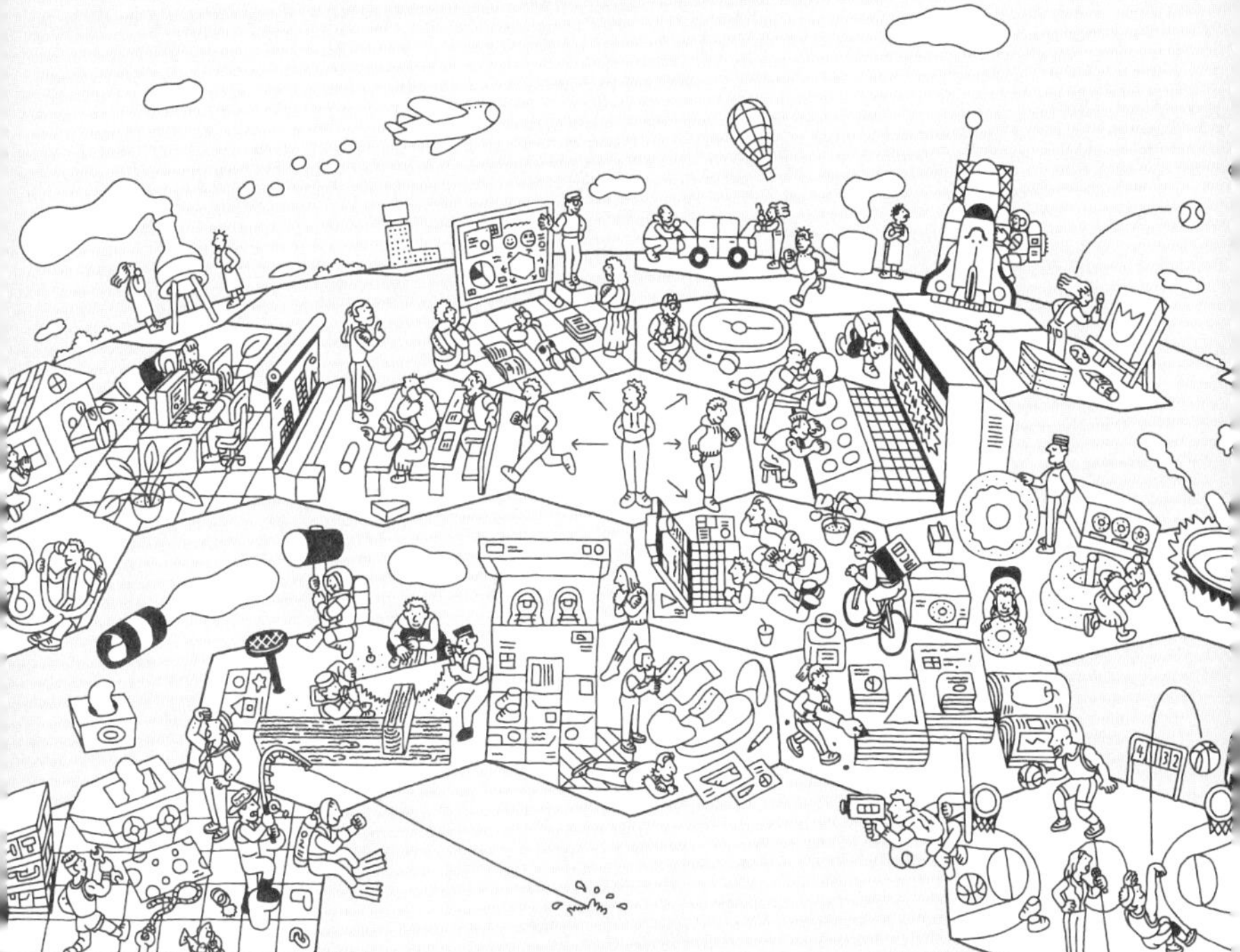

インプレス

はじめに

わたしは数年来、キャリアについて対話することを趣味としてきました。それで気づいたのは、同じような境遇にもかかわらず全く違うキャリア観の人たちがいることです。

どちらも同じ業界の大手企業の会社員であることは変わらないのに、ある人は次々に面白いプロジェクトに飛び込む一方、ある人は毎日同じことの繰り返しに鬱屈している。また、どちらもフリーランスであることは変わらないのに、ある人は自分の肩書きを柔軟に変えながら進化し続ける一方、ある人は同じようなタスクをこなすだけの日々に行き詰まりを感じている。

両者の差は性格の違いでしょうか。たとえば外向的な人のほうがいろんなチャンスがやってきて、人生の場面がどんどん転換していくイメージがあります。でも、内向的な人にもそういった転換を繰り返すタイプの人はいるのです。むしろ、内向的なおかげで自己理解が深く、的確にキャリアを転換できている人もいました。あまり性格は関係なさそうです。同じように、学歴、年齢、性別などもあまり関係がないようでした。

では一体、**キャリアを転換できる人とできない人には、どんな差があるのでしょうか？**

わたしはそれがずっと気になり続けていました。

もしこのキャリアの転換に法則があり、それを整理して誰にでも実践できるアクションやマインドセットに落とし込めたら、いままでキャリアについて対話してきた人たちの役に立てるかもしれない。それだけではなく、この変化の激しい人生１００年時代を生きるあらゆる人にとって、自分自身の手でキャリアをデザインする指針にもなるんじゃないか。その想いが本書の執筆のキッカケでした。

一人ひとりが自身の働き方を肯定できる新しいキャリア観

一言で言えば、本書は現代のキャリアにおける成功についての本です。しかし、「キャリアにおける成功」とは一体何を指しているのでしょうか。昇進すること、それともたくさん稼ぐことでしょうか。かつてはそういった基準を持つ人もたくさんいました。仕事に人生を捧げるように働いていた「モーレツ社員」や「企業戦士」がその象徴です。戦後の復興と高度経済成長期を支えたのはこうしたサラリーマンの存在でした。当時は働けば働くほど収入が上がっていたそうです。しかし、それも今は昔。かつて日本を支えた長時間労働は働き方改革とともに終息を迎えつつある。いまでは週休3、4日制を導入する企業もあるくらいです。その分給料は落ちますが、副業で稼ぐこともできる。加えて、フリーランスになって自分の好きなことを仕事にする人も増えています。働き方は昭和から平成、令和にかけてガラッと変わりました。

働き方が多様化するにしたがって、年収と地位を高め「上へ上へ」と昇っていく上方向の矢印だけでは、キャリアの成功は測れなくなりました。では、現代のわたしたちはどのように自分や他人のキャリアの成功を判断しているのでしょうか？

一つ目の判断軸は「やりたいことをやっている」こと。それはつまり、自分のやりたいことをわかっていて、それを仕事にできているということです。自分の内面からの矢印が、やりたいことに向けて伸びている状態。二つ目が「将来の見通しが立っている」ことです。将来実現させたいことを明確に持ち、その未来に向けたキャリアを歩んでいるかどうか。未来に向けた矢印が明確であれば、その人のキャリアは順調だというわけです。

こうした**「内面からの矢印」も「未来への矢印」も、360度あらゆる方向に伸びる可能性があり、その向きは人によって異なります。**矢印の向きがたった一つの上方向しかなかった「上へ上へ」の時代に比べて、キャリアの成功の基準となる矢印の向きは多様化したわけです。選択肢が増えたわけですから、これは喜ばしいことでしょう。

しかし、このような多様な選択肢があることで、悩む人もいます。誰もがやりたいことを仕事にできているわけではないし、キャリアプランが明確な人ばかりではありませんから。では、そういった「やりたいことができていない」「将来の見通しが立たない」という状態にあるときに、その人のキャリアは失敗なのでしょうか？

メディアに取り上げられる成功者たちを見ると、たしかにやりたいことをやっているようだし、将来の見通しが立っているようでもある。だからわたしたちのなかにも、彼らのように「やりたいことをやるべきだ」「将来の見通しが立っているべきだ」というべき論が横行するのもわかります。でも、実際には多くの人がそうではない。わたし自身、本書執筆時の35歳になってもやりたいことは明確ではないし、フリーランスという働き方ゆえに将来の見通しも立っているとは言い難い。

このように一部の成功者にしか当てはまらない判断軸は、大多数の人にとって意味がありません。だとしたら、**自分自身のキャリアを多くの人が肯定できる新しいキャリア観が必要です**。わたしは本書でその新しいキャリア観を提示し、仕事や人生と向き合う新しい方法もお伝えしたいのです。

通説に悩まされる必要はない

わたしは2013年から2年間、スローガン株式会社という企業でキャリアコンサルタントをしていました。担当していたのは大学生。毎日のように彼らの就活や進路の相談に乗ったり、会社選びや選考対策の講座を開催したりしていました。その後、2015年にフリーランスとして独立してからの6年間は本業としてではなく、請われるカタチでキャリア相談に乗ってきました。お相手は様々で、会社員、フリーランス、経営者、中高生や大学生など。2013年からの約8年間で、キャリアについて対話したのは延べ2000人以上。こうした対話のおかげでキャリア観についての個人差に関心を持ったことは先ほど述べた通りです。

それだけでなく、対話を通じて**多くの人が先ほどの「キャリアにおける成功の判断軸」に囚われている**ことも知りました。実際、キャリア相談によく出てくる悩みの一つが「やりたいことがわからない」というもの。この言葉の裏には「やりたいことを仕事にするのが理想的である」「やりたいことを早く見つけなければならない」という強迫観念に近いものがあるようです。進路に悩む中高生や就職活動中の大学生から定年退職間近の会社員まで、この通説にさいなまれているようでした。

同様に「将来の見通しが立たない」というのもキャリア相談における頻出ワードです。「いまの会社にいても同じ仕事の繰り返しで、転職したいができるかどうかわからない」「フリーランスでいつまでやっていけるだろう」と言うのです。また、就活生が会社を選ぶときにも、ある程度先のキャリアまで見越しておきたいようです。わたしたちは「将来の見通しが立っていなければならない」「キャリアの計画を立てて進んでいくのが理想的だ」と思い込んでいるのかもしれません。ここにもやはり不要なべき論が潜んでいる。

しかし、例外があることも、こうした対話のなかで気づきました。**「やりたいことがわからない」「将来の見通しが立たない」という状況でも、一向に悩んでおらず、むしろ前向きに捉えて主体的に活動している人がたくさんいるのです。**

彼らの考え方にふれるなかで、わたしのなかでも認識が変わっていきました。「やりたいことがわからない」のは当たり前。やりたいことが明確にある人は実は少数派で、多くの人はやりたいことがハッキリしていない。だから、やりたいことがなくても焦る必要はありません。いろいろなことを体験するなかで、やりたいことが見つかることもあるでしょう。それが見つかったら、キャリアを転換していけばいいのです。**「やりたいことがわからない」のではなく、「やりたいことを探している最中」なのです。**

同様に「将来の見通しが立たない」のも気にする必要はありません。わたしだって、3年先で自分が何をしているかはわかりません。キャリアの先が見えないのは誰しも同じだと思います。世の中の変化も早いですし、自分自身も変化していくでしょう。だから、予測は成り立たないことが多い。未来の心配をするよりは、いまできることをやり、未来に備えておくのがよいでしょう。そして、未来の世の中や自分自身に適応するカタチで、キャリアを転換すればいいいのです。**「将来の見通しが立たない」のではなく、「将来の見通しが立たなくても構わない」のです。**

経験による「蓄積」と「偶然」がキャリアの転換を実現する

どちらにしても重要なことは「**キャリアの転換**」です。いつでもキャリアの転換ができる準備をしておけば、やりたいことを見つけたときに選び取ることもできますし、将来の見通しが立たなくても常に状況に適応しながらキャリアを前進させることができます。

では、キャリアの転換に必要な準備とはなんでしょうか？　わたしが仕事で出会ったクライアントや主宰するコミュニティのメンバーのなかには、何度もキャリアを転換して、多彩な経験をしてきた面白い人たちがいます。彼らのやり方がさらなるヒントを与えてくれました。キャリアの転換に必要だったものを聞いてみると、最初は「たまたま」「運がよくて」という謙虚な発言が続きます。おそらく、「偶然」もキャリアの転換に重要な要素なのでしょう。そこからさらに踏み込んで聞いてみると、彼らが様々な経験をしながら、様々なものを蓄積してきたことがわかってきました。**「蓄積」と「偶然」**。どちらも目に見えない曖昧なものですが、これこそがキャリアの転換に必要なものだと感じました。

では、わたしたちは、一体どんな経験をして、何を蓄積し、それをどう使ってキャリアを転換すればいいのでしょうか？　本書では、こうした一連の流れについて自身の経験や様々な人との対話、さらに心理学や社会学などの知見をもとに体系化した「**ライフピボット**」というコンセプトを提唱します。ライフピボットとは、**過去の経験による蓄積を足場にして、着実に新しいキャリアへと一歩を踏み出す考え方**です。

いまのキャリアに不満がある人はそこから抜け出すために。特に不満がない人も、より望ましいキャリアへの転換のために、ライフピボットの考え方が使えるでしょう。後述するように、わたしたちは仕事の経験を通じて「**三つの蓄積**」を貯めていく必要があります。そして、その蓄積には「**六つのアクション**」が有効です。いまのキャリアにほんの少しの工夫をすることで、誰でもいつからでも始められるアクションです。どんな状況からでも始められ、かつその後は連鎖的にいつでもキャリアの転換が可能になるでしょう。本書をキッカケに自分でキャリアの舵取りをできるようになる人が増えれば、これ以上の喜びはありません。

本書ではまず第1章で、現代にライフピボットの考え方が必要になった背景についてご説明します。人生というゲームのルールが変わり、事前に計画を立てるキャリアプランという考え方が成り立たない時代になったのです。第2章では、具体的にライフピボットを実践する流れをご説明します。経験によって何を得るべきか、それをどう使えばライフピボットできるのかを示します。第3章と第4章では、ライフピボットに備えるための具体的なアクションとそのマインドセットをご紹介し、第5章ではライフピボットを繰り返した先にある未来の働き方について示します。

わたしたちは100年生き、半世紀以上働く時代に突入しようとしています。地図は常に塗り替わり、コンパスが指し示す方角も定まりません。そんな時代にわたしたちが進み続けるために必要なのは、一歩ずつでも着実に踏み出すことができる「ライフピボット」の力です。

あなたにとって、本書がその第一歩となれば嬉しいです。

黒田悠介

はじめに …… 2

第1章
なぜライフピボットが必要なのか …… 21

人生というゲームのルールが変わった …… 22
① 人生の長期化 …… 26
② ライフスタイルの短期化 …… 29
③ 世界の変化の加速 …… 32
来たるべき転換のために準備しておく …… 34
どうしたらいつでもキャリアを転換できる？ …… 36
経験の数珠つなぎ …… 36
Connect The Dotsを体験した瞬間 …… 39
偶然が8割 …… 43
ライフピボットという発想 …… 48

蓄積と偶然がキャリアの転換を実現する……48
ライフピボットはループする……52
ハニカムマップ……54
様々な職業に応用可能……58

第2章 三つの蓄積と隣接可能性……63

ライフピボットの「三つの蓄積」……64
①価値を提供できるスキルセット……65
②広く多様な人的ネットワーク……70
③経験によるリアルな自己理解……74
あなたの隣接可能性を洗い出そう……80
グラフィックレコーダー……82
コミュニティオーナー……84

⬡ ディスカッションパートナー …… 87
⬡ 「三つの蓄積」とテクノロジーの進化 …… 88
ハニカムマップを活用しよう …… 91
⬡ ハニカムマップの作り方 …… 91
隣接可能性を三つの軸で分析しよう …… 96
⬡ Will、Can、Needマッピング …… 97
⬡ Eのパターンは趣味として始めよう …… 99
⬡ Fのパターンはできる仲間を探そう …… 101
⬡ Gのパターンは貢献を意識しよう …… 102
⬡ Hのパターンはやるしかない …… 104
ライフピボットをしてみよう …… 106
⬡ ① 守りのピボット …… 107
⬡ ② 攻めのピボット …… 109
⬡ ③ キレのあるピボット …… 111
⬡ ④ なめらかなピボット …… 112

複業で隣接可能性を実験してみよう……114
ハードルを下げる三つのコツ……117
複業で「八つの報酬」のバランスを取る……118
何歳でもピボットできる……122

第3章 蓄積のためのアクション 前編

蓄積のためのアクション 前編……125
「いまここ」から始めるライフピボット……126
ライフピボットの阻害要因である「三つの欠如」……129
① お金がない……129
② 理解がない……131
③ 時間がない……135
蓄積のための六つのアクション……137
蓄積のためのアクション ①マッチングサービスを利用する……139

◯ マインドセット …… 139
◯ ステップ１ マッチングサービスに登録しよう …… 146
◯ ステップ２ マッチングした人と会ってみよう …… 150
◯ ステップ３ 習慣化してみよう …… 153
蓄積のためのアクション ②発信し続ける …… 156
◯ マインドセット …… 156
◯ ステップ１ 発信するテーマや発信する場所を決める …… 163
◯ ステップ２ 発信を習慣化する …… 165
蓄積のためのアクション ③イベントに登壇する／主催する …… 170
◯ マインドセット …… 170
◯ ステップ１ イベント主催者とつながる …… 175
◯ ステップ２ イベントに登壇する …… 177
◯ ステップ３ イベントの運営に携わる・主催する …… 180

column 人のご縁でライフピボットを繰り返す軽やかな生き方
——押切加奈子 …… 183
column 自己理解と発信で自分らしいキャリアを描く研究者
——岩本友規 …… 187

第4章 蓄積のためのアクション 後編 …… 191

蓄積のためのアクション④コミュニティに参加する/主宰する …… 192
マインドセット …… 192
ステップ1 コミュニティを探す …… 198
ステップ2 コミュニティに参加する …… 201

⬡ ステップ３　コミュニティの運営に携わる・立ち上げる……205
蓄積のためのアクション　⑤ギグワークをする……210
⬡ マインドセット……210
⬡ ステップ１　ギグワークで試すスキルを決める……215
⬡ ステップ２　ギグワークサービスに登録・出品する……218
⬡ ステップ３　ギグワークを実践する……219
蓄積のためのアクション　⑥ギブワークをする……224
⬡ マインドセット……224
⬡ ステップ１　ギブワークのニーズを探す……229
⬡ ステップ２　ギブワークをする……232
すべてのアクションに共通する三つの行動原理……235
⬡ 行動原理　①やってみよう……238
⬡ 行動原理　②改善しよう……240
⬡ 行動原理　③ギブしよう……243
行動原理と蓄積、ライフピボットはループする……245

column 先生時代の経験を活かしてなめらかなライフピボットを実現
――三原菜央 247

column NPOと株式会社を運営する複業へとライフピボットした元・国家公務員
――柚木理雄 251

第5章

ライフピボットの先の先 255

選択肢がある状態に価値がある 256

ライフピボットを繰り返したその先の「四つのO」 259

スキルセットを活かした「オクトパス型」 259

人的ネットワークを活かした「オーガナイズ型」 262

自己理解を活かした「オプティマイズ型」 265

三つの蓄積を統合した「オリジナル型」…… 267
少しずつ改善し、次のピボットに備える…… 273
column
旗を立て、出会いから仕事やプロジェクトを生み出す「働き方の伝道師」
——横石崇…… 277
おわりに…… 283

第1章

なぜ
ライフピボットが
必要なのか

人生というゲームのルールが変わった

わたしたちは昭和から平成にかけて、学校に通う「教育」を受ける期間を経て、卒業後には数十年にわたって「仕事」をしてから、静かな「老後」を迎える、といったシンプルな三段構成の人生を生きてきました。仕事の期間中には結婚、出産、マイホームやマイカーの購入というイベントがあり、それを一つひとつ実現していくことが「理想的な」人生のあり方とされていたのです。人生というスゴロクは一直線に伸びていて、ゴールまでの道のりは事前に目に見えていたわけです。わたしたちはそのマスを一つひとつ前に進んでいくだけでした。戦後の復興と経済成長という目標とあいまって、その理想は疑いようのないものでした。

しかし、バブル崩壊以降の経済成長の停滞と人口減少によって、現代ではそのような目標は機能しなくなりました。社会は成熟し、経済成長とは別のモノサシで社会のあり方や自身の生き方を個人が再考していかなくてはなりません。物質的な豊かさだけでなく、精神的な豊かさも重視する価値観にシフトしたのです。精神的な豊かさは人によって異なります。誰と過ごし、どんな仕事をし、何に時間をあてるか、わたしたちの人生は多様な選択肢から自分の好みに合ったものを選べるようになってきています。

そして、これまで当たり前とされていた結婚や出産を選択しない人も出てきました。かつて憧れとされていたマイホームやマイカーの代わりにシェアハウスやカーシェアリングが出現しています。国民的な家族像とされたアニメ『サザエさん』のような家族構成はもはやマイノリティです。起業したり複業したりする人も増え、生涯一つの組織に所属するキャリアを歩む人の数も減少してきています。

こうして生き方の選択肢が増えることは、歓迎すべきだと思います。しかし、変化には常に不安が伴います。「自分はこの変化についていけるだろうか」「なぜうちの会社は変わらないのだろう」「自分の将来が見えない」「あふれる情報から何を信じればいいのか」。日頃からいろいろな人のキャリアの相談を受けていると、こういった不安が見え隠れすることがよくあります。世の中の実際の変化とは裏腹に、昭和から平成にかけてできたシステムや価値観が変わっていないことが、こうした不安の原因でしょう。たとえば、定年後に働く場がなく、生き甲斐や収入を失ってしまうこと。採用の場面で学歴が重視され、中卒高卒や大学中退の若者の働く場が限られてしまうこと。仕事や家庭以外のコミュニティに所属しづらく、新しい自分のあり方を見つける場がないこと。過剰な自己責任論や、他人に迷惑をかけてはいけない、失敗してはいけないという価値観。そういった背景のなかで、わたしたちは不安をかかえながら新しい生き方を模索していく過渡期にあります。かつての「教育」『仕事』「老後」という人生の三段構成も変化していくでしょう。「教育」のカタチは多様化し、「仕事」は人生で何度も変わり、「老後」は一人ひとり異なるカタチで社会に関わり続けていく——。

もはやそこに誰もが同意する理想的な人生スゴロクはありません。**一人ひとりが自分ならではの人生スゴロクをプレイする時代**なのです。そのスゴロクは曲がりくねっていて、多くの分岐点があり、自分がどこへ向かうのか見通すことは難しい。それはもはやスゴロクでもないのかもしれませんね。わたしたちは常に360度に踏み出すことができる、ハニカム構造の六角形のマスで無限に埋め尽くされた盤面に置かれたコマのようなものだと言えます。人生とはこの盤面を自由に移動していくゲームです。マスを進むたびに、**転職や独立・起業などのかたちでライフスタイルが転換**します。理想的な人生スゴロクのようにまっすぐ少数のマスを移動するシンプルな軌跡ではなく、紆余曲折を経て多数のマスを移動する複雑な軌跡を描きます。

では、なぜわたしたちはマスを進み続け、ライフスタイルを転換し続けなければいけないのでしょうか？　そして、わたしたちはどのように次に進むマスを選べばよいのでしょうか？　さらに、ゴールの見えないこのゲームをプレイし続けるには、どんな考え方が必要なのでしょうか？　本書では、そんな疑問に答えていきます。わたしの実体験を織り交ぜつつ、老後までキャリアを何度も転換させながら働く仕事論としてお伝えできればと思います。

ではまず、ライフスタイルを転換し続ける理由から考えてみましょう。一言でいえば、それは「①人生の長期化」「②ライフスタイルの短期化」「③世界の変化の加速」が同時に起きているからです。

① 人生の長期化

「人生100年時代」という言葉があります。わたしは本書執筆時点の2021年で36歳、平均余命は約46年です。少し不健康な生活をしているので余命40年もあればラッキーかなとは思っています。そうなると、わたしの人生はトータルで75年くらい。そう考えると、人生100年時代というフレーズは現時点で大人になっている人は無関係で、子どもやこれから生まれてくる人たちにしか関係ないのでしょうか？　そんなことはないと思います。平均余命はあくまで厚生労働省が過去のデータから作成した生命表から算出される数値です。しかし、わたしたちには未来の可能性があり、過去のデータにはそれが含まれていません。今後、ＡＩやＶＲ、ロボティクスなどの領域で新しいテクノロジーが実現したり、衛生・医療・バイオにおけるイノベーションが起きる可能性もおおいにあります。

たとえば、冷蔵庫の内側にあるカメラで食材を把握し、個人の好みや健康状態に応じた食事を提供してくれるＡＩ内蔵キッチンや、適切な換気や湿度・室温の維持によって病原菌から身を守ってくれるＡＩ空調システムなども実現されていくでしょう。そうなれば寿命はさらに延伸され、**すでに大人の世代にとっても人生100年時代が到来する可能性は無視できません。**

この本はあらゆる世代に向けて書いているつもりなので、2007年生まれで2021年時点で14歳の人が読むこともあるかもしれません。『ライフ・シフト　100年時代の人生戦略』（東洋経済新報社／2016年）という著書で知られるリンダ・グラットン教授によれば、その14歳の読者は50％以上の確率で107歳まで生きるそうです。ここから90年以上の人生をどのように歩んでいくのか、想像もつきません。

人生100年時代の到来は、日本においては少子高齢化を加速させる可能性があります。少子高齢化が問題なのは「支える世代」が少なく「支えられる世代」が多いことにあります。このアンバランスが「支える世代」に経済的・精神的な負担を強いることになるのです。そこで、このアンバランスを解消するために定年が延長されていくことになります。

2021年4月から施行される改正高齢者雇用安定法により、希望者は70歳まで働けるようになりました。今後も75歳まで定年が延びていったり、定年という考え方自体がなくなっていったりする可能性もあります。つまり、**わたしたちは半世紀近く働くことになる**のです。加えて、仮に75歳を定年としてそれ以降を老後としても、100歳になるまでは25年間あります。人生の4分の1です。無為に過ごすにはあまりに長く、生きていくためにはお金が必要なため、必然的に多くの人は75歳以降も働くことになるでしょう。

定年後も同じ会社で働く継続雇用制度では、賃金は定年時の5〜7割になると言われています。また、契約社員として1年契約を結ぶのが主流で、長くても定年後数年間で契約の更新が終了するため、長期的な収入は見込めません。継続雇用制度以外の雇用では低賃金のアルバイト業が主流で仕事の幅も狭くなっていきます。

老後のためにお金を貯めておく、という考え方もありますが、一体いくらあれば足りるのかはわかりません。それよりも、**若いうちから柔軟にキャリアを転換し続け、老後も柔軟に新しい可能性を切り拓けるようになっておくほうがいい**。そうすれば人生の充実にもつながりますし、心身ともに健康でいられる期間（健康寿命）も延び、老後のお金の心配も減るでしょう。

わたしたちはより長く生き、より長く働くようになるのです。だとしたら、ライフスタイルが何度も変わってても不思議ではありません。次に示すようにライフスタイルが短期化していることと合わさると、なおさらです。わたしたちは長寿化し、ライフスタイルは短命化しているのです。

②ライフスタイルの短期化

かつては「キャリアプラン」という言葉がありました。入社後の経歴をどのように積み上げていき、将来どんな人材になりたいか、といった計画のことです。採用面接の場面で聞かれることもありましたし、入社後にキャリアプランを立てる研修をする企業もありました。特徴的なのは、この質問が採用候補者が入社後にずっとその会社に勤めることを前提にしていたことです。

入社後にまずは配属された部署で実力をつけ、希望の部署に異動し、そこで実績を上げて管理職になる、といったような直線的な（そして画一的な）ストーリーがキャリアプランの定番でした。変化の少ない時代には、事前に長期的な計画をし、必要な行動を取り続けることができたでしょう。でも、現在はＶＵＣＡ[※1]の時代と言われるように、わたしたちはキャリアプランのような長期的な計画を描ける状況にはありません。

※1：ＶＵＣＡ（ブーカ）とは、Volatility（変動性）、Uncertainty（不確実性）、Complexity（複雑性）、Ambiguity（曖昧性）という四つのキーワードの頭文字から取った言葉。現代の状況を表現するキーワードとしてよく使われています。

その象徴として、最近では「**キャリアドリフト**」という考え方があります。神戸大学大学院経営学研究科教授の金井壽宏氏が2002年に著書『働くひとのためのキャリア・デザイン』（PHP研究所）のなかで紹介した理論です。ドリフトは漂流を意味します。キャリアプランのように将来像を事前に決めてしまうのではなく、**状況に身を委ねて流されてみる、というキャリアの考え方**です。

もちろんずっと流されていてはどこにたどり着くのかわからず不安になります。そのためキャリアドリフトの考え方では、人生の節目のタイミングだけはキャリアについて再考することを勧めています。節目以外の場面では計画を手放すことで、かえって柔軟に変化の荒波を越えていけるわけです。キャリアプランに比べてこうした変動性を受け入れるキャリアドリフトの考え方では経験する変化も多くなり、キャリアは短期化していくと言えるでしょう。わたし自身も、2年おきに転職、起業、独立などを繰り返しています。

個人のキャリアと同様、企業の将来像も見通すのが難しくなってきました。企業は短命化し、仕事はプロジェクトベースになり常に状況は変化し続けていくでしょう。仮に綿密なキャリアプランを描いていたとしても、その前提となる企業そのものが倒産してなくなってしまったり買収されてプランがふいになることもある。潰れない（もしくは潰せない）会社もありますが、その会社にいたとしても、リストラや労働環境の変化は避けられません。

それに、人生には予想もしないことが起きるものです。2020年の東京五輪が開催延期になり、トイレットペーパーが第一次オイルショックのときのように店頭から消え、マスクの値段が乱高下するなんて、誰が予想できたでしょうか？　COVID‐19の影響でキャリアプランの変更を余儀なくされた人も多いでしょう。リモートワークの推進が自身のキャリアにプラスになった人もいる反面、多くの人はリモートワークができない状況に苦しめられたり、仕事を失ったり、転職のタイミングを逃したりしています。

VUCAの時代におけるキャリアの流動化と先行きの不透明化、そして**企業の短命化は、個人にも大きな変化をもたらし、ライフスタイルは短期化**することになります。

キャリアや企業だけではありません。あなた自身もどんどん変わっていきます。様々な経験を重ねていくことで、趣味嗜好も変わり、やりたいことも変わっていくはずです。また、パートナーシップに変化が起きたり、子どもが生まれたり家族の介護が必要になったりする過程でも、自分を変えていく必要が出てくるでしょう。また、日本は災害の多い国ですが、震災や水害、パンデミックなどによっても価値観は変わっていきます。起業や独立のキッカケとして、そういった衝撃的なできごとが背景にある人は多いものです。このように「自分自身」の変化やライフスタイルの転換も予想が難しいのです。

③世界の変化の加速

最近では、あらゆる変化が速くなってきました。「5000万人ユーザーの獲得までにかかった時間」という記事で紹介されているこのデータを見れば、わたしたちの生活を変えたイノベーションがどれだけの速さで浸透していったかを感じることができます。

飛行機68年／自動車62年／電話50年／電気46年／クレジットカード28年／テレビ22年／ATM18年／コンピュータ14年／携帯電話12年／インターネット7年／iPod4年／YouTube4年／Facebook3年／Twitter2年／Pokémon Go 19日

（出典：神田敏晶、Yahoo!ニュース https://news.yahoo.co.jp/byline/kandatoshiaki/20180910-00096323/）

携帯電話やインターネットがあったからこそPokémon Goが急速に広がったように、以前のイノベーションが次のイノベーションを支えるケースがあります。そうした**イノベーションの連鎖**が変化を加速させている一因になっているようです。

また、**グローバル化**することによって世界のあらゆる部分が連動しており、世界のどこかで起きた変化が全く違う場所に影響を与えることも珍しくなくなりました。たとえば、Black Lives Matter運動がSNSを通じて一夜にして世界的なムーブメントになりました。また、COVID-19が世界中に広まったこともグローバル化によってわたしたちがつながりすぎていることを明らかにしたと言えます。こうしたグローバル化による過剰接続と、先ほどのイノベーションの連鎖が続く限り、変化のスピードが衰えることはなさそうです。

一方で、こうした早すぎる世界の変化が「作って使って捨てる」を繰り返すことで成り立ってきた側面もあり、地球環境に負担がかかっているのも事実です。今後はその反省から様々な業界でスローダウンしながらも企業や業界として存続する方法が模索されていくでしょう。それはそれで**スローダウン化**という大きな変化となるわけで、加速するにせよ減速するにせよ、どちらにしても当面のあいだ世界中で変化は起き続け、わたしたちに影響を及ぼし続けるでしょう。

来たるべき転換のために準備しておく

このようにわたしたちは、

①長期化する人生のなかで
②ライフスタイルが短期化し
③加速する様々な変化に見舞われる

そんな時代を生きるようになりました。

そのため、人生を一つ二つのライフスタイルで生き抜くことは難しく、何度もライフスタイルを転換することが当たり前になります。このような状況では、仕事や人生について綿密に計画してもあまり意味がありません。計画は常に変更を余儀なくされ続けるでしょう。だとしたら「計画」よりも、**どんな変化にも対応できる「準備」を進めておくほうがいい**。長い人生のうちに変化は必ず起きるのです。それは1ヶ月後かもしれないし5年後かもしれない。いつかはわからないけれど、必ず起きると想定して、どんな変化があってもライフスタイルの転換で適応できるような準備をしていきましょう。

ただし、準備と言っても、やりたいことや楽しさを先送りして我慢するような準備の仕方はオススメしません。なぜなら、わたしたちは「100年生きるかもしれないし、明日死ぬかもしれない」存在だからです。もし仮に、先送りにしているうちに死んでしまったら、その人生は未完成で終わってしまい、死の間際に後悔するかもしれません。だから、わたしがオススメするのは、**人生をしっかりと楽しみ、味わいながら準備を進めていく**ことです。

では、わたしたちは一体どんな準備をしておけばよいのでしょうか？　ここからは特に働き方やキャリア形成にフォーカスして考えていきましょう。あなたはキャリアを転換する準備ができているでしょうか？

どうしたらいつでもキャリアを転換できる？

経験の数珠つなぎ

キャリアチェンジのための準備というと、職務経歴書の見直しや資格取得のことだけを想像する人もいるかもしれません。しかしそれだけで転換が可能になるわけではありません。ここで一つ重要な考え方を導入しておきます。それは、**過去の経験が偶然つながって未来の可能性が拓かれることがある**、ということです。これはキャリアにも当てはまります。仕事を通じた経験が、キャリアの転換を実現するのです。

そのようなことを、アップル創業者のスティーブ・ジョブズは「Connect The Dots」という言葉で表現しました。２００５年6月12日に行われたスタンフォード大学の卒業式でのスピーチでのことです。しかし、この言葉は勘違いされることもあるので、誤解のないように伝えておきます。彼は決して「将来につながりそうなことを事前にあれこれやっておこう」と言っているのではありません。役に立つかもしれないから資格でも取っておこう、ということではないのです。むしろ真逆。ジョブズはそのスピーチのなかで「将来を見据えて点（経験）をつなぐことはできません。**あとで振り返ってつなぐことができるだけです**」と言っています。

つまり、前もってどんな経験が役に立つ（点がつながる）かはわからないのです。それよりも、**何かにつながると信じていまの仕事に真剣に取り組もう**という、そんなメッセージが「Connect The Dots」です。ジョブズ自身も過去に様々な経験をしていて、そこから様々なことを得たと言います。そういった経験の蓄積（Dots）があったからこそ、結果的に「Connect The Dots」が起きて、iPhoneを生み出すことができたのでしょう。以下にそのスピーチの一部[※2]を抜粋して載せておきます。

> You can't connect the dots looking forward; you can only connect them looking backwards.
> 将来を見据えて点（経験）をつなぐことはできません。あとで振り返ってつなぐこ

とができるだけです。

So you have to trust that the dots will somehow connect in your future.

だから、わたしたちは点が将来何らかのかたちでつながることを信じなくてはなりません。

You have to trust in something——your gut, destiny, life, karma, whatever.

自分の直観、運命、人生、カルマ、それが何にせよ、信じなくてはならないのです。

Because believing the dots will connect down the road, it gives you confidence to follow your heart; even it leads you off the well-worn path. And that will make all the difference.

なぜなら、点がつながり道を切り拓くと信じることが、自分の心に従う自信を与えてくれるからです。たとえそれが多くの人が通る道から外れるとしても。そしてそれがすべての違いをもたらすのです。

みなさんが**現在の仕事に真剣に取り組む経験の蓄積もまた「Dots」**です。ただし、漫然と仕事をするのではなくて、自分の経験を分析し、後述するライフピボットに必要な資産を自覚的に蓄積していくことがキャリアの転換には必要です。そうやってみなさんのなかに蓄積された、たくさんの「Dots」が「Connect The Dots」を起こして新しいキャリアの可能性を拓いてくれるのです。わたし自身も、そのような「Connect The Dots」の経験があります。

Connect The Dotsを体験した瞬間

振り返ってみると、わたしのキャリアは硬直的でも専門分野を持っているわけではなく、転職するたびに少しずつ業務の範囲や立ち位置を変えてきました。大学卒業後、1社目としてマーケティング会社に就職。そこで半年間のリサーチの部署を経て当時の新規事業の部署に配属されることとなりました。リサーチの部署ではデータ分析や資料作成といったスキルが身につきましたし、マーケティングの思考を会社の先輩方から学ぶこともできました。また、新規

※2：YouTube - Stanford"Steve Jobs' 2005 Stanford Commencement Address"（https://www.youtube.com/watch?v=UF8uR6Z6KLc）

事業の部署には2年間所属し、プロジェクトを背負うマインドや新規事業を成長させるプロセスへの理解を深めました。

こうした経験の蓄積は、転職のためというよりは、そのときの仕事に向き合った結果だと思います。しかし、そのおかげで2社目への転職はスムーズに進みました。1社目での経験のなかでも特に新規事業に関わった経験が評価されたのです。

2社目の会社は予約システムをレジャー施設に提供するベンチャー企業。その会社が新規事業を立ち上げるために子会社を作ることとなり、その代表取締役社長を打診されます。自分が経営者になるなんて想像したこともなかったのですが、貴重なチャンスだと思い引き受けることに。1社目で新規事業に関わった**経験の蓄積（Dots）があったからこそ可能性が拓けた**のだと思います。まさに「Connect The Dots」を体験した瞬間です。

自分の経営する3社目での経験で、本当にたくさんのことを学びました。失敗もたくさんしましたが、その過程で対話の重要性を知りました。社員は一方的な指示で仕事をするわけではありません。自分でも考えた結果でなければ納得しませんし、納得しなければモチベーションも上がりません。信頼関係を築き、行動や態度の変容を起こすには対話が欠かせないのです。また、当時はまだベンチャー企業で働く若くて優秀な人材が少なかった。そういった人たちはなぜか仕組みができあがっている大企業に行ってしまうのです。これから伸びる産業や事業にもっと若くて優秀な人材が来たら、社会はもっと面白くなるんじゃないかという感覚も、ベンチャー企業の経営者をやってみて感じたことの一つです。こうした**課題意識や俯瞰的な視点も、経験の蓄積（Dots）**と言えるでしょう。

4社目の会社は人材系の企業でした。経営者として感じた課題意識から自身の会社を離れ、若くて優秀な人材に向けてベンチャー企業で働く選択肢を伝えるキャリアコンサルタントになったのです。経営者としての「人材にまつわる課題意識」と「対話の経験」があったからこそ可能性が拓けました。これもまた「Connect The Dots」と言えます。毎日のように学生と就職活動やキャリアについて対話するなかで、今度は自分自身の働き方を意識するようになり、経験したことのないフリーランスという働き方に興味を持つようになりました。こうして自分の興味関心について理解する**「自己理解」もまた経験の蓄積（Dots）**と言えます。その自己理解の結果、フリーランスとして独立することにしたのです。肩書きは議論の壁打ち相手を意味するディスカッションパートナーにしました。経営者とキャリアコンサルタントでの対話にまつわる経験の蓄積があったからです。

こうして振り返ると、わたしのキャリアにおける「Connect The Dots」をあらためて実感します。仕事を通じた経験の蓄積は数珠つなぎのようにつながっていきます。重要なのは、**目の前の仕事に真剣に取り組み、自分の経験を分析し、後述するライフピボットに必要な資産を自覚的に蓄積していくこと**。そういった経験の蓄積が新しいキャリアの可能性を拓き、新しいキャリアでの経験がまたさらなる蓄積となるのです。こうしたキャリアの転換は生涯続き、蓄積を連鎖させることで何歳でも、何度でも新しいキャリアへの転換が可能です。

ここまで、人生というゲームのルールが変わり、それに適応するためにキャリアの転換が必要であることを確認してきました。そして、キャリアの転換には仕事を通じた経験の蓄積と連鎖が欠かせません。しかし、キャリアの転換にはもう一つの大きな要素があります。それは「偶然」です。

偶然が8割

偶然はわたしたちのキャリアに大きな影響を与えます。スタンフォード大学のジョン・D・クランボルツ教授（当時）らが1999年に提唱したキャリア論の「計画的偶然性理論」をご存知でしょうか。この研究によると、**個人のキャリアの8割は予想もしない偶然によって決定される**と言います。

会社員を例に考えてみましょう。そもそも、どういった部署に所属し、どういった上司と働くことになるのかは、多くの場合自分の意志とは関係なく決まります。また、どれだけ成果を出していても、それを適切に評価されなければ昇進することも、自分の希望する働き方もままなりません。それに、実際に働くなかで興味や関心が移り変わることもあるでしょう。この例は会社員についてですが、経営者やフリーランスなども同様に、様々な環境の変化や一緒に仕事する人との関わりといった偶然によってキャリアの方向性が変わることがあります。

わたし自身、会社員も経営者もフリーランスも経験しており、そのすべてにおいて「個人のキャリアの8割は予想もしない偶然によって決定される」という実感があります。会社員→会社員→経営者→会社員→フリーランス、という変化を経るなかで、キャリアの転換点では様々な偶然が作用していました（個人的に一番影響を受けた偶然は人との出会いです）。

しかし、この計画的偶然性理論は「キャリアは偶然に左右されるんだから、流されるのがいいんだ」ということを意味しているわけではありません。それならただ「偶然性理論」と名づければいい。そうではなく、その**偶然を計画的に味方につけることができる**、という理論だからこそ「計画的偶然性理論」と名づけられているのです。どういうことか。偶然はポジティブに働くこともネガティブに働くこともあります。どちらに転ぶかはわかりません。なにせ偶然ですから。しかし、その偶然の範囲をネガティブ寄りからポジティブ寄りに引き上げることができれば、偶然がよい結果をもたらす可能性が高くなります。

たとえば、同じ日に開催される二つの飲み会に誘われたとしましょう。一つはいつものメンツが集まり、もう一つは普段会う機会のない人たちが集まっている。どちらの飲み会に参加してもどんな偶然があるかはわかりません。しかし、よりポジティブな偶然が起きそうなのは後者でしょう。新しい出会いや発見がありそうです。このようにして、よりポジティブな偶然が起きる行動を取ろうというのが計画的偶然性理論の主張です。

では、具体的にどのような行動によって、ポジティブな偶然が起きやすくなるのでしょうか？　クランボルツ教授は『その幸運は偶然ではないんです！』（ダイヤモンド社／２００５年）のなかで以下の五つの行動特性が重要であると指摘しています。

①好奇心［Curiosity］

先ほどの二つの飲み会の例のように、不慣れな場や新しい機会に対して好奇心を持って参加してみましょう。いつもと変わらない場所でいつもと変わらない人と一緒にいるだけでは、ポジティブな偶然は起きにくいものです。

②持続性［Persistence］

好奇心を発揮して新しいことを始めても、すぐに偶然がやってくるわけではありません。一定期間どっぷり浸かってみることで面白さがわかったり、一定のスキルが身についたり、人的ネットワークができたりするのです。

③楽観性［Optimism］

好奇心があっても、悲観的では新しい機会に飛び込むことができません。「なんとかなるだろう」という楽観性があれば、新しい変化を歓迎できますし、避けられない変化ですら楽しめるようになります。

④柔軟性［Flexibility］

一度始めたらやり抜くべきだ、という固執は視野を狭め、目の前の変化や機会を見逃してしまうことにつながります。持続性も重要ですが、柔軟性を忘れてはいけません。柔軟性があれば、あらゆる変化や機会に自分を適応させることができるでしょう。

⑤冒険心［Risk Taking］

新しい機会や変化のもとでは、それまで使ってきた「こうしたらこうなるだろう」という予測が役に立ちません。特に大きなチャンスほど、何が起きるかわからない。そういった予測不可能な状況でリスクを取ることが求められます。

これらの五つの行動特性によって、計画的にポジティブな偶然性が引き寄せられます。この理論は20年以上前に提唱されたものですが、現代にも通じるものだと思います。新しいキャリアを切り拓くために、わたしたちは**仕事を通じた経験の蓄積だけでなく、偶然を味方につける**必要があるのです。

現代ではインターネットの発展によって世界が広くなったように思うかもしれませんが、実際には自分好みの情報が集まり、タコツボ化しています。また、COVID‐19の影響でオンラインでの面会やイベントが増えていますが、それによって雑談が減っていることを懸念する声があります。雑談には本来偶然性があったのですが、それがオンラインになり減ってしまったのです。だとすると、現代にこそこの計画的偶然性理論は重要なのかもしれません。

ライフピボットという発想

蓄積と偶然がキャリアの転換を実現する

こうした偶然の作用を信じるなら、わたしたちはキャリアについて数十年先の見通しを立てて計画的に行動することはできないでしょう。たとえば、もし会社のなかに目指すポジションがあったとしても、そのポジションに就くのは他の誰かかもしれませんし、そもそものポジションや会社自体がなくなってしまう可能性もあります。また、どんな職業も需要がなくなったり、ＡＩやロボットに代替されたりする可能性があります。

「２０３０～２０４０年には日本の労働人口の約49％が就いている職業において、人工知能やロボットに代替することが可能である」という野村総合研究所とオックスフォード大学の共同リサーチで得られた推定は大きな話題となりました。[※3] 代替されないとされている職業も、なくならないまでも一部のタスクがＡＩに代替されるなどして大きく様変わりする可能性がありま す。たとえば、小学校の先生はこのリサーチではＡＩに代替されない職業に分類されていま す。しかし、先生の役割は教科書の内容を画一的に教えることから、一人ひとりの学習を支援するファシリテーターのような役割に変わっていくなど業務内容は変化するでしょう。

キャリアについて未来の見通しを立てられないなら、わたしたちが見るべきはいまここです。計画するよりも、目の前の仕事に真剣に取り組むことで経験を蓄積し、偶然の作用も受けて新しいキャリアへの転換を実現させる。「Connect The Dots」のスピーチでジョブズが言っていたことでもあります。

このように、経験の蓄積と偶然によってキャリアの転換を実現させることを本書では「**ライフピボット**」と呼びます。

※3：野村総合研究所「日本の労働人口の49％が人工知能やロボット等で代替可能に」２０１５年12月2日付ニュースリリース（https://www.nri.com/-/media/Corporate/jp/Files/PDF/news/newsrelease/cc/2015/151202_1.pdf）

まず、ピボットという言葉について説明しておきましょう。みなさんは、バスケットボールをやったり試合を観たりしたことはありますか？　バスケットボールでは、ボールを持ったまま その場で軸足を動かさずにもう一方の足を動かしてフェイントしたりパスを出す方向に体を向けたりする動きがよく見られます。これをピボットと呼びます。軸足のことをピボットフットと呼び、もう一方の自由に動かせる足をフリーフットと呼びます。フリーフットはその名のとおり、３６０度好きな方向に踏み出すことができます。

わたしたちは**経験の蓄積と偶然を軸足（ピボットフット）にして、３６０度好きな方向にフリーフットを踏み出し、キャリアを転換する**ことができます。あるときは右へ、あるときは左へ。こうしたライフピボットを何度も何度も繰り返すことで、うねうねと曲がったキャリアの軌跡が描かれていきます。直線的だったかつての人生スゴロクとは全く異なります。その軌跡は一人ひとり異なるユニークなものになるでしょう。

ちなみに「ピボット」という言葉はスタートアップやベンチャー企業の事業転換を指して使われる言葉でもあります。事業を始めてはみたものの成長が滞りロードマップも見えないときなどに、別の事業へと転換することがよくあります。ただし、すべてを捨ててゼロからやり直すわけではありません。ビジョンやチーム、蓄積されたナレッジなどを活かすカタチで新たな事業に取り組むのです。このような軸足を残しつつ事業を転換する様子がバスケットボールのピボットに似ていることから、事業転換もピボットと呼ばれるようになったのでしょう。

スタートアップやベンチャー企業と同じように、ＶＵＣＡの時代では「変化するものが生き残る」というのは間違いないでしょう。しかし、変化の仕方にもいくつかあります。闇雲に変化していては、60歳になったときに自分になんの蓄積もなく、そこからの変化が難しくなる、ということになりかねません。それはジョブホップ型の変化です。「ジョブホッパー」は職を転々とする人を揶揄する言葉として使われてきましたが、それは過去の経験を蓄積して未来に活かしているように見えないからではないでしょうか。ホップするとき、人は両足を離してしまいますが、**ピボットではしっかりと軸足を残しています**。現在地から離れた飛び地に行くホップに比べるとピボットは移動距離は短いですが、人生はなにも遠くに行くためのゲームではありません。着実に経験を蓄積させ、好きな方向にキャリアを転換しながら、自分らしいライフピボットの軌跡を描きましょう。ジョブホップに比べてライフピボットは安定感があり、

図1　ライフピボット

蓄積　＋　偶然　＝　転換

- 蓄積 ＝ 仕事を通じた経験による蓄積、もしくはDots
- 偶然 ＝ 計画的偶然性理論の五つの行動特性によるポジティブな偶然
- 転換 ＝ ライフピボット

繰り返すほどに活用できる蓄積が増えていきます。老若男女あらゆる人が可能な転換の仕方です。

ライフピボットはループする

ライフピボットを公式化すると、図1のようになります。

これが本書で最も重要な公式です。シンプルですね。しかし、わたしたちの人生を理解するにはこの式を見るときに一つポイントがあります。それは、先ほどから繰り返し述べているとおり転換（つまりライフピボット）が人生において一度きりではないということです。**転換は人生で何度でも起きるもの。わたしたちは転換の**

連続を生きていくわけです。

そういう人生観において、「転換」はゴールというよりは、次の「転換」に向けたスタートです。どういうことか。わたしたちは、転換によって新しい仕事を通じた経験をすることが可能になります。それが新たな「蓄積」となり、また次の「転換」を可能にするのです。このように、わたしたちの人生は「蓄積」→「転換」→「蓄積」→「転換」……というループを描きます。ちなみに「偶然」はこのループの促進剤のようなものです。

RPGゲームにたとえるなら、レベルアップによって使えるワザや入れるダンジョンが増えて倒せる敵も増え、経験値を蓄積することでまたレベルアップできることに似ています。「経験値の蓄積」→「レベルアップ」→「経験値の蓄積」→「レベルアップ」……というループ。ただし、ゲームのレベルアップは過去の延長線上ですが、ライフピボットは360度に可能性がある点が異なります。

こうした「蓄積」と「転換」のループに終わりはありません。本人が望むなら、生涯このループを回し続けることもできるでしょう。一体どこにたどり着くのかは、誰にもわかりません。それは筋書きのないアドリブ劇のようなものです。わたしたちは人生の台本を持たないまま、ステージで起きる偶然を乗りこなし、転換の繰り返しによって人生のストーリーを前進させていくのです。

ハニカムマップ

この章の冒頭で、人生は「ハニカム構造の六角形のマスで無限に埋め尽くされた盤面」という表現をしました。あのたとえを「ハニカムマップ」として図示し、ライフピボットの考え方を解説してみます（P.57の図2）。

マップの見方

いま、あなたは六角形のマスのなかにいます。そのマスはあなたのいまの働き方を表しています。そこで、あなたは仕事を通じて様々な経験をします。すると、あなたは「スキル」や「自己理解」「人的ネットワーク」など、様々なカードを手に入れることができます。あるいは、仕事以外の活動でもこうしたカードは手に入るでしょう。この**カードは経験による蓄積を**

表しています。

まずはそうして自分にはカードがあることを認識することが重要です。日頃から自分の仕事を振り返って棚卸ししてみると、気づきやすくなります。

あなたはその**カードを活用して、360度にある隣接するマス（新しいキャリア）に移動する**ことができます。たとえば、あなたがもしある企業でマーケターをしていて「マーケティングのスキル」というカードがあれば、①クライアントのマーケティングを支援する会社にコンサルタントとして転職したり、②ベンチャー企業の自社プロダクトのマーケターとして転職したりできるでしょう。もちろん、それ以外のカードも持っているはずなので、それを使ってどんなマスに移動する可能性があるか検討してみましょう。また、カードは複数組み合わせて使うこともできます。たとえば、「マーケティングのスキル」に加えて「広い人的ネットワーク」があれば、彼らを営業先として、独立して③フリーランスのマーケターというマスに進むこともできます。

ここではライフピボットとして、②ベンチャー企業のマーケターに転職すると仮定してみましょう。あなたは一つ隣のマスに進んだことになります。すると、その新たなマスでは新たな経験が待っています。たとえばそれは、ベンチャー企業でプロダクトをゼロから生み出して成長させる一気通貫のプロセスに関わる経験かもしれません。その経験から、マーケティング以外にも「事業立ち上げに関する知見」や「ブランディングのスキル」というカードも手に入るでしょう。それらのカードを使って、あなたはまた新しいマスに進むことができるのです。

このようにして、**手持ちのカードを増やしながら、このマス移動を縦横無尽に繰り返す**のがライフピボットのイメージです。

この図を自身のライフピボットを検討するのに利用する場合には、まず真ん中のマスに現在のキャリアと手持ちのカードを書きます。そこから隣接するマスに、カードの組み合わせから考えられる新しいキャリアの可能性を書き出してみてください（書き込み用のマップはP.91〜95を参照）。また、できればその隣接するマスで新たにどんなカードが手に入るのかも考えて、書き込んでみるといいでしょう。そこで得たカードが手持ちに加わることで、2マス先の新しいキャリアも考えることができるようになります。これを繰り返していけば無限に先のキャリアについて考えることもできそうですが、あまり先のことを考えるとそれは「計画」になってし

図2 ハニカムマップの例1～ある企業でマーケターをしている人の場合～

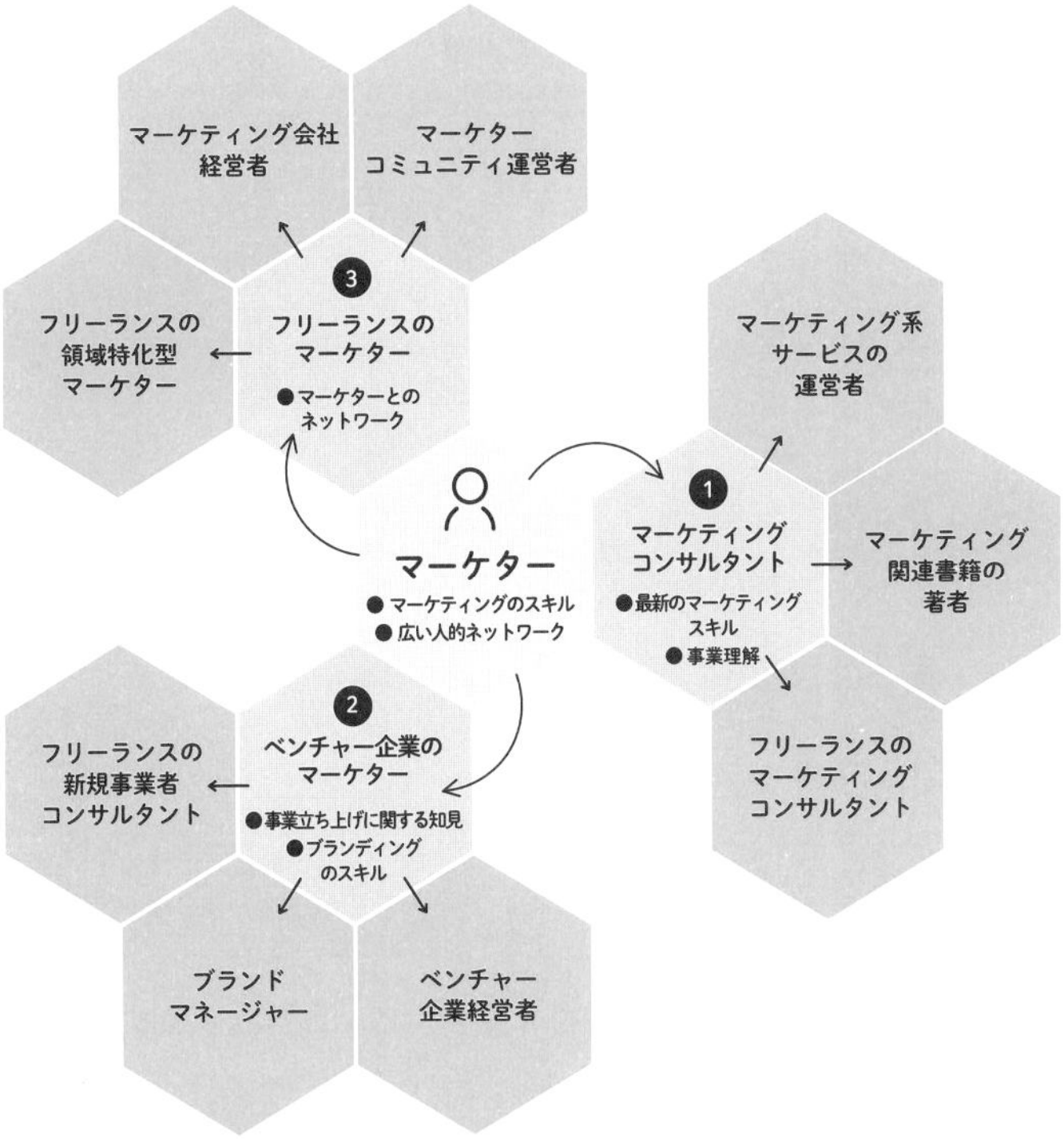

※「●」はそのマスで得られるカードを表しています。マスを進むごとに色を濃くしています

まってそのとおりにならない可能性が高いので、せいぜい2マス先まで考えておけば十分でしょう。こうして現在のマスから2マス先まで数パターンでも考えておくと、今後のライフピボットについてイメージがしやすくなります。

様々な職業に応用可能

さらに具体例を紹介します。たとえばライターの場合はどうでしょうか？ 図3のライターは職業柄、当然「ライティングのスキル」を持っていると想定します。好きなものは「グルメ」「スポーツ」で、そういった記事を書いているときが一番楽しいと自己理解しているとイメージします。すると、このライターのハニカムマップは次のようになります。

たとえば、「ライティングのスキル」を活かして、よいインタビュー記事を生み出す①インタビュアーとして転職することができるかもしれません。また、自分の好きな領域に特化して②フードライターや③スポーツライターに転職することもできるでしょう。そこで、これらのキャリアを現時点のマスに隣接するマスに書き込みます。このとき、六角形のマスに隣接するマスは六つなので、ライフピボットの可能性が三つまでなら図のように離して記入するのがよいでしょう。

図3 ハニカムマップの例2〜ある企業でライターをしている場合〜

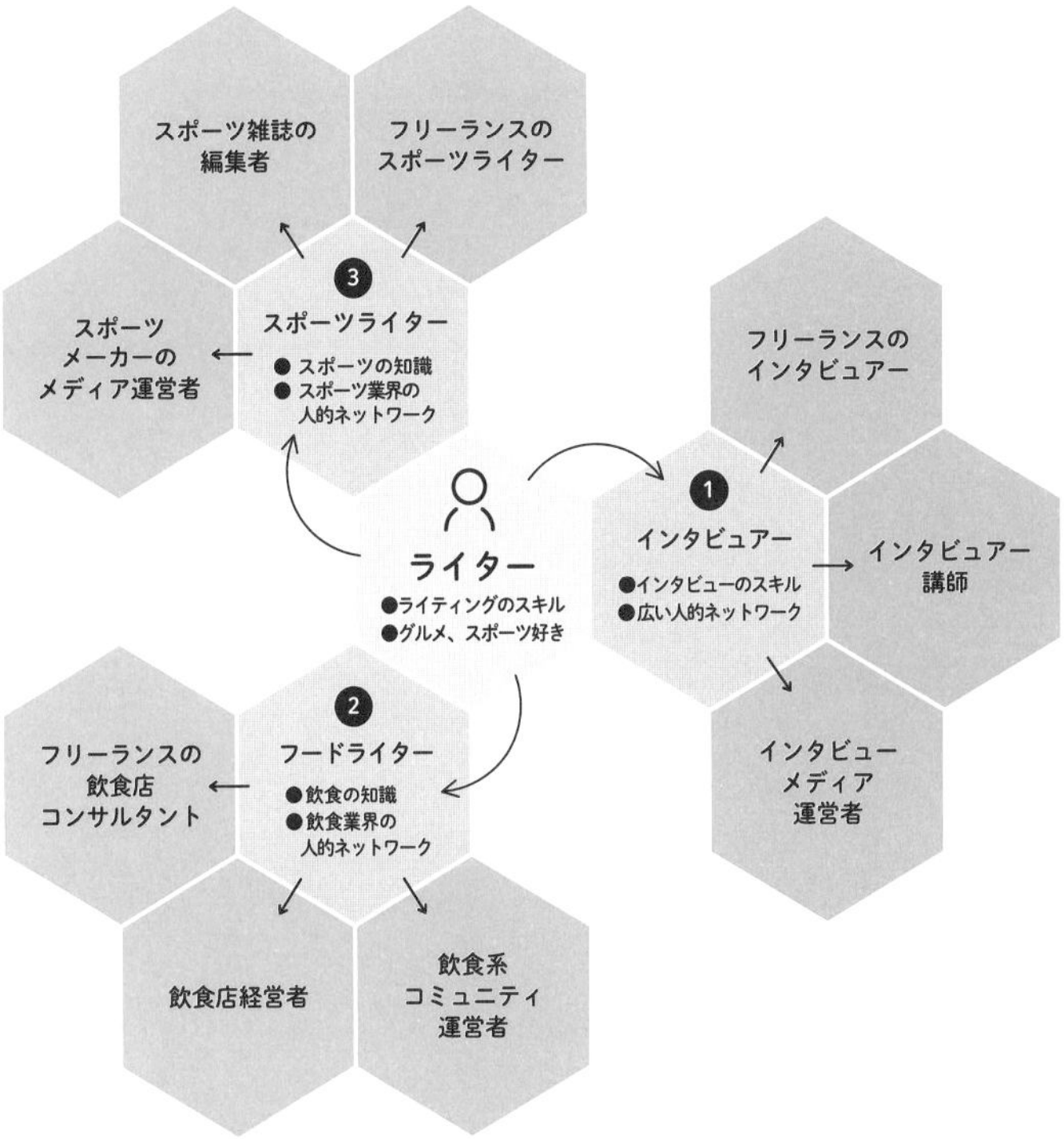

※「●」はそのマスで得られるカードを表しています。マスを進むごとに色を濃くしています

さて、もし①インタビュアーにライフピボットしたとしたら、そのマスでの仕事を通じて「インタビューのスキル」に磨きをかけたり、インタビューを通じて「広い人的ネットワーク」が得られるでしょう。これらの新しいカードをインタビュアーのマスに記入しておきます。このカードと現時点のマスでのカードを合わせて、現時点から2マス先にどんなライフピボットの可能性が見いだせるでしょうか？　たとえば、インタビューのスキルを人に教えることで、インタビュアー講師として転職することができるかもしれません。また、インタビューメディアを運営する企業に転職して、その運営者になる可能性もあります。さらに、インタビューを通じて広い人的ネットワークがあれば、フリーランスのインタビュアーとして独立することもできるでしょう。これらのキャリアの可能性を現時点から2マス先に記入しておきます。

②フードライターの場合はどうでしょうか？　そのマスでは「飲食の知識」や「飲食業界の人的ネットワーク」が得られるでしょう。これらの新しいカードをフードライターのマスに記入しておきます。このカードと現時点のマスでのカードを合わせて、現時点から2マス先にどんなライフピボットの可能性が見いだせるでしょうか？　たとえば、飲食店に詳しくなり、売れる店と売れない店がわかるようになってきたら、フリーランスの飲食店コンサルタントとし

て独立できるかもしれません。それよりむしろ自分で経営することを選択して飲食店経営者になる可能性もあります。さらに、飲食に興味を持つ人は多いので、飲食にまつわるコミュニティを運営することもできるでしょう。これらのキャリアの可能性を現時点から2マス先に記入しておきます。③スポーツライターについても同様にして、隣接するマスにキャリアの可能性を記入していきます。

こうしたマップを書いてみると、**自分の持っているライフピボットのパターンの豊富さ**を知ることができます。点（目の前の仕事）がつながり線（ライフピボットの軌跡）となり、線が集まり面（ハニカムマップ）となって、大局的にキャリアの可能性を考えることができるようになるでしょう。ポジティブな偶然に当たる確率も、現状のキャリアという点よりも面のほうが格段に高くなります。

自分の可能性というのは、自分のアタマのなかでは考えにくいものです。特に、仕事とアイデンティティが密接に絡み合っている場合、その仕事をしていない自分を想像するのが難しい。だからこそ、こうしたゲーム感覚のツールを使って空想したり客観視したりすることで、キャリアの転換の可能性を可視化することが重要なのです。コツは、**実現可能性は一旦脇に置いておいて可能性としてありうることを確認する**こと。ボードゲームをプレイする感覚で、未来の自分を面白がってみましょう。

実際には現在いるマスのなかで何が起きてどんな経験の蓄積が起きるのかはわかりません。そのため、このハニカムマップは定期的に見直して、自分に新たなライフピボットの可能性が見いだせるかどうか、チェックする必要があります。

続く第2章では、ライフピボットの詳細をご紹介していきます。わたしたちは具体的に仕事を通じた経験によって何を蓄積し、その蓄積からどのように新しい可能性を見いだし、実際にライフピボットするのでしょうか？

第2章

三つの蓄積と隣接可能性

ライフピボットの「三つの蓄積」

ライフピボットは経験の「蓄積」と「偶然」によって起こるものです。第1章では漠然と「蓄積」と言ってきましたが、わたしたちは具体的に何を蓄積することができるのでしょうか？　それを理解すれば、ライフピボットを引き寄せやすくなりますし、偶然も活かしやすくなるはずです。

ライフピボットに必要な蓄積は以下のように分解することができます。それは、「**①価値を提供できるスキルセット**」「**②広く多様な人的ネットワーク**」「**③経験によるリアルな自己理解**」の三つです。少し長いので、①Skillset、②Network、③Self-understandingの頭文字を取って「SNS」と覚えておくとよいでしょう。この三つの蓄積をそれぞれ細かく見ていきます。

①価値を提供できるスキルセット

わたしたちが仕事を通じて蓄積するスキルセットには、様々な種類があります。プログラミング、ライティング、マーケティング、セールス、企画など、挙げればきりがありません。しかし、こうして列挙してみて初めて、自分のスキルセットを認識でき、ライフピボットのカードとして使えるようになるのです。また、こうしてまず思い浮かぶスキルは、わたしたちが持っているスキルセットのほんの一部に過ぎません。スキルセットの全体像を把握するために、その分類を知っておきましょう。スキルを分類すると、**テクニカルスキル**、**ヒューマンスキル**、**コンセプチュアルスキル**の三つに分類することができます。これはハーバード大学教授（当時）のロバート・カッツが1955年に提唱したモデルで、いまでも経営やマネジメントで使われています。

1．テクニカルスキル

スキルと聞いて多くの人がまず思い浮かべるのはテクニカルスキルです。これは業務遂行能力のことで、課題に対してどういった解決ができるかを指しています。プログラミングのスキルがある人はプログラマー、ライティングのスキルがある人はライターというように職種の名称に含まれるカタチでよく目にするので、わたしたちが普段何気なく「スキル」と言うときにはこのテクニカルスキルを指していることが多い。テクニカルスキルを認識するには、日常の業務を記録しておき、時おり振り返るのがオススメです。

2．ヒューマンスキル

テクニカルスキルが「対課題」のスキルだとすると、「対人」のスキルがヒューマンスキルです。仕事で接する他者とよい関係性を作ったり、スムーズにコミュニケーションしたりする能力です。ヒューマンスキルは無意識に発揮される場合もあるので、対人関係やコミュニケーションにおいて他人と比べてそこまでの労力をかけずにできることを見つけましょう。それがあなたにとって強みとなるヒューマンスキルです。

具体的には図4のような項目が挙げられます。

3．コンセプチュアルスキル

コンセプチュアルスキルは、物事を抽象化したり多面的に見たり、論理的に考えたり発想

図4 おもなヒューマンスキル

コミュニケーション	会話を通じて人間関係を構築・維持する
ヒアリング	相手の言葉に耳を傾け、理解しようとする
ネゴシエーション	意見や利害が対立する両者のあいだに立ち、調整する
リーダーシップ	共通の目標や目的に向けて集団を率いる
プレゼンテーション	自分の想いや意志を相手に伝えて理解や納得を引き出す
コーチング	相手を動機づけて適切な行動を促す
ファシリテーション	中立的な立場で集団の対話を促す

を飛躍させたりする、概念化能力のことを指します。コンセプチュアルスキルは他のスキルとセットで発揮されることが多いため、見つけるのが難しいスキルです。たとえば、ロジカルな文章を書くとき、ライティングというテクニカルスキルと同時にロジカルシンキングというコンセプチュアルスキルが同時に発揮されています。このとき、実際にスキルとして認識されるのはライティングのほうで、それを支えているロジカルシンキングは意識されにくいものです。

コンセプチュアルスキルはロジカルシンキング（論理的思考）、ラテラルシンキング（水平思考）、クリティカルシンキング（批判的思考）、多面的視野、柔軟性、受容性、知的好奇心、探究心、応用力、洞察力、直感力、チャレンジ精神、俯瞰力、先見性の14項目に分類されています。

自分のスキルを振り返ろう

スキルについて認識するには、振り返りが重要です。といっても、記憶に頼った振り返りはあまり信用できません。そのため、定期的な振り返りを習慣化するのがいいでしょう。その日に自分がどんなスキルを発揮したかを毎日残しておけば、確実に自分のスキルを把握できます。それが難しければ、定期的に職務経歴書を書いてみるのもオススメです。わたしは会社員のころ、毎月必ず職務経歴書をアップデートしていました。一般的に職務経歴書は転職活動のさいに書くものですが、自分のスキルの棚卸しのためにも書いてみることをオススメします。最新の職務経歴書が手元にあれば、転職活動もスタートしやすくなります。

自分のスキルを振り返るのに使える質問集をここに載せておきますので、定期的に自分に質問してみてください。

Q．何に時間を使っていたか？　そのときに何を考えていたか？

まずは客観的に自分が何に時間を使っていたのか振り返ってみましょう。できればカレンダーなどに自分がやったことの記録を残しておくといいでしょう。これでテクニカルスキルがわかってきます。また、そのときに意識していたことは何でしょうか？　人のことを考えていたらヒューマンスキルが、抽象的なことを考えていたらコンセプチュアルスキルが発揮されていたかもしれません。

Q．何をしたときに感謝されたか？　なぜ感謝されたか？

自分では無意識でやっていたことが、相手に感謝されることがあります。これは自分のスキルを認識するうえで重要なフィードバックになります。わたしは雑談をしているときに感謝されて、その理由を尋ねたことで「対話を通じてアタマが整理された」という理由を知り、それが自分のスキルであることを認識できました。ちなみにこれはヒューマンスキルであるヒアリングやコンセプチュアルスキルである抽象化が同時に発揮されていたものだと思われます。

Q．他の人に比べて苦もなくできることは何か？

自分が得意なことは自然にできてしまうことがあり、それをスキルだと認識できない場合があります。そのため、他の人が苦労してやっていることのなかで自分が苦もなくできてしまうことに注目しましょう。任天堂株式会社の元社長である岩田聡氏があるインタビュー※4でこんなことを言っていたのが印象的でした。「自分の労力の割に周りの人がすごくありがたがってくれたり、喜んでくれたりすることってあるじゃないですか。要するにね、『それがその人の得意な仕事なんだ』って話で」。つまり、あなたが息をするようにできることも、スキルの一つなのです。

②広く多様な人的ネットワーク

わたしたちは仕事を通じて様々な人に出会います。なかには一度きりの出会いもありますが、継続的なやり取りによって信用や信頼が蓄積され、関係性が生まれることがあります。その一人ひとりとの関係性の集合体が人的ネットワークです。現在や過去のキャリアで一緒に仕事をしてきた人たちに限らず、職場以外のコミュニティでの出会いも人的ネットワークに含まれます。ただし、ライフピボットのカードとして使える人的ネットワークは、時間をかけて形成されるものであって、名刺交換をしただけの相手との関係は含みません。なぜなら、**新しい情報や機会をもたらしてくれるのがライフピボットにおける人的ネットワークの役割**であり、名刺交換だけではそのような関係性にはならないからです。「あの人にこの情報・機会を教えてあげよう」と思ってもらうためには、そこに信用か信頼がなくてはいけません。

信用と信頼を区別する

では、信用とは、そして信頼とはなんでしょうか？　これらの違いを知っておくことで、人的ネットワークを広げたり維持したりしやすくなります。似ている言葉ですが、実は真逆に近い性質を持っています。英語では信用はcredit、信頼はtrustですね。こうみるとあんまり似ていないので、なるほど違いがありそうな気がしてきます。さらに、これらの言葉の使われ方を思い起こすと、その違いがより鮮明になってきます。

※4：4Gamer.net「任天堂・岩田氏をゲストに送る『ゲーマーはもっと経営者を目指すべき！』最終回――経営とは『コトとヒト』の両方について考える『最適化ゲーム』」(https://www.4gamer.net/games/999/G999905/20141226033/index_3.html)

たとえば「信頼関係」とは言いますが「信用関係」とは言いません。このことは、信頼は関係性という双方向のものであるのに対して、信用は単方向でも成り立つことを示しています。ほかにもたとえば「信用情報」とは言いますが、「信頼情報」とは言いませんよね。このことは、信用は客観的な情報によって判断できる尺度であって、信頼はそうでなく主観的な判断であることを示しているように思えます。実際に、クレジット（credit）カードはその人の支払い能力についての客観的な信用（credit）情報があるからこそ成立しているサービスです。こうしてみると**信用は単方向で客観的な評価、信頼は双方向で主観的な関係**、といった整理ができそうです。ここからどのように信用や信頼を蓄積できるのか考えてみます。

まず、信用は客観的な評価ですから、その評価が高まるように価値を継続的に提供していきましょう。相手に役立ちそうな情報や機会を提供したり、人を紹介したり、そうやって価値を提供し続けることで信用が蓄積されていきます。さらに、こうしたＧＩＶＥによって、相手は「何かお返ししなきゃいけない」と感じます。心理学的にはこれを「返報性の原理」と呼びます。すると、相手からも情報や機会を提供してもらえるようになります。

一方、信頼は主観的な関係です。家族のことは信用情報がなくても信頼できるでしょう。それは主観的なものだからです。ゴリラ研究の第一人者である京都大学前総長の山極寿一氏によれば、動物は一緒に食事をしたり一緒に踊ったり、同じ作業をしたりする「身体的同調」やそれにともなう「共感」をベースに信頼関係を築いてきたそうです。たしかに、一緒に仕事をしたり同じプロジェクトに取り組んだりする過程で、信頼関係が築けることも多いように思います。

このように、**価値提供によって信用情報を貯め、共同作業によって信頼関係を築く**ことで、人的ネットワークは広がっていきます。では、その人的ネットワークはどのように維持されるのでしょうか？　かつては年賀状でそういった人とのつながりをメンテナンスしていたように思いますが、年に1回では足りません。それよりも、毎日できることがあるはずです。わたしたちは日々様々な情報に触れますから、その情報を自分なりに解釈して「あの人の役に立ちそうだ」という人にメールやメッセージを送ってみてはいかがでしょうか？　あるいは、面白い人に出会ったら「あの人に紹介してみよう」と仲介役を買って出るのもいいですね。

わたし自身、1日2時間ほどインプットの時間を取っているのですが、そのなかで見つけたいくつかのウェブ記事を知人にFacebookメッセンジャーで送るようにしています。なかには数年ぶりの連絡になる場合もあるのですが、それをキッカケに近況報告ができるので、そのアップデートによってさらにその人に意味がある情報を届けることができるようになります。それ以外にも、会社や家庭とは違うコミュニティに顔を出すのもいいでしょう。新しい人との出会いもありますし、共同作業を通じて信頼関係が生まれる可能性もあります。ただし、こうして蓄積した人的ネットワークも必要なときに思い出せなければ、うまく活用することはできません。人の記憶ほど頼りにならないものもありませんから。そこでわたしは、Trelloというツールを活用して人的ネットワークをリスト化し、名前やスキル、やりたいことなどで検索できるようにしています。

③経験によるリアルな自己理解

わたしたちは仕事を通じて様々な感情や思考を経験します。それを漫然と受け流していくこともできますが、逆につぶさに観察することによって、**自分の嗜好性や価値観を知る**ことができます。こうした自己理解は、ライフピボットのさいの道しるべとなります。スキルや人的ネットワークのおかげでライフピボットができたとしても、好きじゃなかったり意味を感じない仕事だったらそれはピボットに成功したと言えるでしょうか？　ライフピボットをよりよいものにするために、わたしたちは自分のことを知っておく必要があります。

自己理解にはいくつかの視点を組み合わせるのが一般的です。それは、記憶による自己分析、他者からのフィードバック、検査データ、の三つです。ここで言う自己分析は、「自分で自分を分析してみる」という意味です。過去の経験を振り返って、自分のことを分析するこのやり方は、就活生の定番でもあります。しかし、脳に残っている記憶は容量が小さく、ほとんどの情報が抜け落ちています。また、美化されたり意味づけされたりして、実際に体験したこととはかけ離れていることも多い。こういった理由から、個人的には記憶による自己分析はオススメしません。また、他者からのフィードバックも同様で、フィードバックをする人との関係性や、その人の思い込みが色濃く反映された内容になりがちです。また、性格などの検査データも、アタマで考えた回答なので、実際の体験を反映させているとは限りません。

では、わたしたちはどうやって自己理解をすればいいのでしょうか？　わたしがオススメするのは、**経験による感情と思考の動きを観察する**ことです。

感情と思考を観察し、嗜好性と価値観を理解する

たとえば、仕事の場面でつらくて気が乗らないなら、その仕事が嫌いなのかもしれません。逆に、喜び勇んで取り組むようなら、その仕事が好きなのでしょう。また、怒りや悲しみが湧いてきたら、それは好きなことを邪魔されたり、嫌いなことを強制されたりしたからかもしれません。そのようにして感情の動きに敏感になり、「なぜ自分はこんな感情を抱いているのか」を考えてみることが自己理解の第一歩です。そうして感情を観察するうちに、**喜びを感じるときの共通点や、つらさを感じるときの共通点などが見えてきます。その共通点こそがあなたの好き嫌い（嗜好性）**です。コンセプトを考えるのが好き、誰かと議論するのが好き、業務を改善するのが好き、など、人によって嗜好性は異なります。

感情だけではなく、思考の動きも観察してみましょう。仕事をしているときに、自分よりも大きな存在のことを考えている場合、その仕事には意味を感じることができます。会社のため、地域のため、社会のため、地球環境のため、というように、自分の仕事が大きな存在とつながっていると思えれば、その仕事に意味を見いだすことができます。また、自分以外の大切

な人のためにする仕事もまた、意味があると思えるでしょう。こうして**自分の仕事のなかで意味があると思えることと意味がないと思えることを分別していくことで共通点が見つかり、自分にとっての価値観が明確**になります。社会課題を解決することに意味がある、人の行動を後押しすることに意味があるなど、人によって価値観は異なります。

このように、自己理解のためには感情や思考の動きを観察することが必要です。「①価値を提供できるスキルセット」でお伝えしたように、振り返りをしてみるのがいいでしょう。自分がその日の業務でどんなスキルを発揮し、そのときにどんな感情や思考の動きがあったのかを記録するのです。日記を書くのが面倒でも、1日に1回、自分を客観視する時間があるとよいでしょう。1週間や1ヶ月に1回でもやらないよりはマシですが、過去の記憶に頼るほど、感情や思考はあいまいになっていきます。

ところで、なぜそもそもライフピボットで嗜好性や価値観を重視するのでしょうか? それは、**努力は夢中に勝てない**からです。わたしたちは、好きなことや意味があると思えることに夢中になることができます。努力とも思わずに継続することができるので、いつのまにかスキルも高まりますし、夢中になっていると他の人が興味を持ってくれて人的ネットワークも広がります。何より、夢中になれるキャリアというのは人を幸せにします。このように、よりよいライフピボットのためにも、自己理解は欠かせないのです。

以上が、「①価値を提供できるスキルセット」「②広く多様な人的ネットワーク」「③経験によるリアルな自己理解」というライフピボットの「三つの蓄積」の説明になります。わたしたちは仕事を通じて、課題に向き合いながらスキルセットを、人に向き合いながら人的ネットワークを、己に向き合いながら自己理解を、蓄積していくのです。これらの蓄積というカードを「Dots」として組み合わせることによって、「Connect The Dots」が起きてライフピボットの可能性が広がっていきます。では、これらのカードを手にしたわたしたちは、可能性をどのように洗い出せばよいのでしょうか？　より広い可能性を検討するために必要な考え方とはどのようなものでしょうか？　そのイメージをより明確にするために、ここで隣接可能性というコンセプトを導入します。

図5 ライフピボットに必要な三つの蓄積 まとめ

①価値を提供できるスキルセット

仕事を通じて蓄積するスキル。定期的な振り返りで把握しておくことが重要

テクニカルスキル

- 業務遂行能力
- 課題解決のスキル

例）プログラミング、ライティング

ヒューマンスキル

- 対人スキル

例）コミュニケーション、ヒアリング、ネゴシエーション、リーダーシップ、プレゼンテーション、コーチング、ファシリテーション

コンセプチュアルスキル

- 概念化能力
- 他のスキルと同時に発揮されることが多い

例）論理的思考、水平思考、批判的思考、多面的視野、柔軟性、受容性、知的好奇心、探究心、応用力、洞察力、直感力、チャレンジ精神、俯瞰力、先見性

②広く多様な人的ネットワーク

新しい情報や機会をもたらしてくれる、広く多様な人的ネットワーク

信用（credit）

- 単方向で客観的な評価
- 提供価値によって信用情報を集める

例）情報発信する

信頼（trust）

- 双方向で主観的な関係
- 共同作業によって信頼関係を築く

例）コミュニティに参加する

③経験によるリアルな自己理解

ライフピボットの道しるべ。定期的な振り返りで記録しておくことが重要

嗜好性

- 好き嫌い
- 感情の動きを観察する

例）コンセプトを考えるのが好き、議論が好き

価値観

- 意味を見いだす
- 思考の動きを観察する

例）社会のため、地球環境のため

※手持ちのカードとして把握しておきたいスキル群。これらが「Dots」になり、「Connect The Dots」が起きるかもしれない

あなたの隣接可能性を洗い出そう

隣接可能性とは、アメリカの理論生物学者であるスチュアート・カウフマンが提唱した考え方で、企業のイノベーション論においても引き合いに出されることがあります。ご存知のとおり、人間はサルから進化したのであって、生命が誕生する前の地球にあった化学物質からいきなり錬金術のように人間ができあがったわけではありません。同様に、アミノ酸、核酸などの物質が徐々に発生し、目を持ち、骨格を持ち、長い時間をかけて生命的なピボット（これもまたライフピボットと呼べそうですが）を繰り返した結果としてサルが生まれたのです。このような、**既存の要素の組み合わせによって初めて見いだされる可能性**をスチュアート・カウフマンは隣接可能性と呼んだのです。

この隣接可能性という考え方をイノベーションに当てはめると、スマートフォンの誕生は以下のように説明されます。人間がいきなり誕生したのではないのとちょうど同じように、何もないところからいきなりスマートフォンが作られたわけではありません。通信やバッテリーの小型化、タッチセンサーなどの各種技術があったからこそ、その組み合わせでスマートフォンが生まれたのです。それまでの技術があったからこそ、スマートフォンは隣接可能性として見いだされたと言えます。そして、そのスマートフォンがなければ生まれなかったアプリやサービスもたくさんあり、それらもまたスマートフォンの誕生で新たに見いだされた隣接可能性です。

第1章でご紹介した**ハニカムマップの隣のマスは、まさにわたしたちの隣接可能性を表していたのです**。それまでの仕事を通じた「三つの蓄積」が隣接可能性を切り拓き、1マス先に移動できるようになります。では実際に、どういったカタチで隣接可能性が見いだされるのでしょうか？　その説明のために、最近増加傾向にある新しい職業を例に挙げます。それまでなかった職業なので、ほとんどの人が他のキャリアから流入していることになります。まさに隣接可能性の例にふさわしいでしょう。

グラフィックレコーダー

わたしはよくイベントに登壇する機会をいただくのですが、そのときにイベントの様子をリアルタイムで整理してくださる方と出会うことがあります。といっても、書記というわけではありません。文字だけではなく、イラストを活用してトークの全体像やその流れをレコーディングしているのです。こうした可視化によって、参加者や登壇者は流れを確認しながらトークすることができますし、イベント後に画像データとしてシェアすることで参加者の振り返りにも役立ちます。こうしたグラフィックによるレコーディングの技術を持った人たちを「グラフィックレコーダー」と呼びます。このところグラフィックレコーダーが増えつつあります。

わたしのイベントでよくご一緒しているグラフィックレコーダーのタカタユナさんは、もともとプレゼン資料作り専門の部署で働いており、そこで伝えるためのデザインという「スキルセット」を身につけたそうです。その仕事は楽しく、構造化するのが好きだ、という「自己理解」もできた。その後たまたま、自身の「人的ネットワーク」にいたイベント運営者にグラフィックレコーディングをやってほしいという依頼を受けてやってみたところ、自分にマッチ

図6　グラフィックレコーダーの例

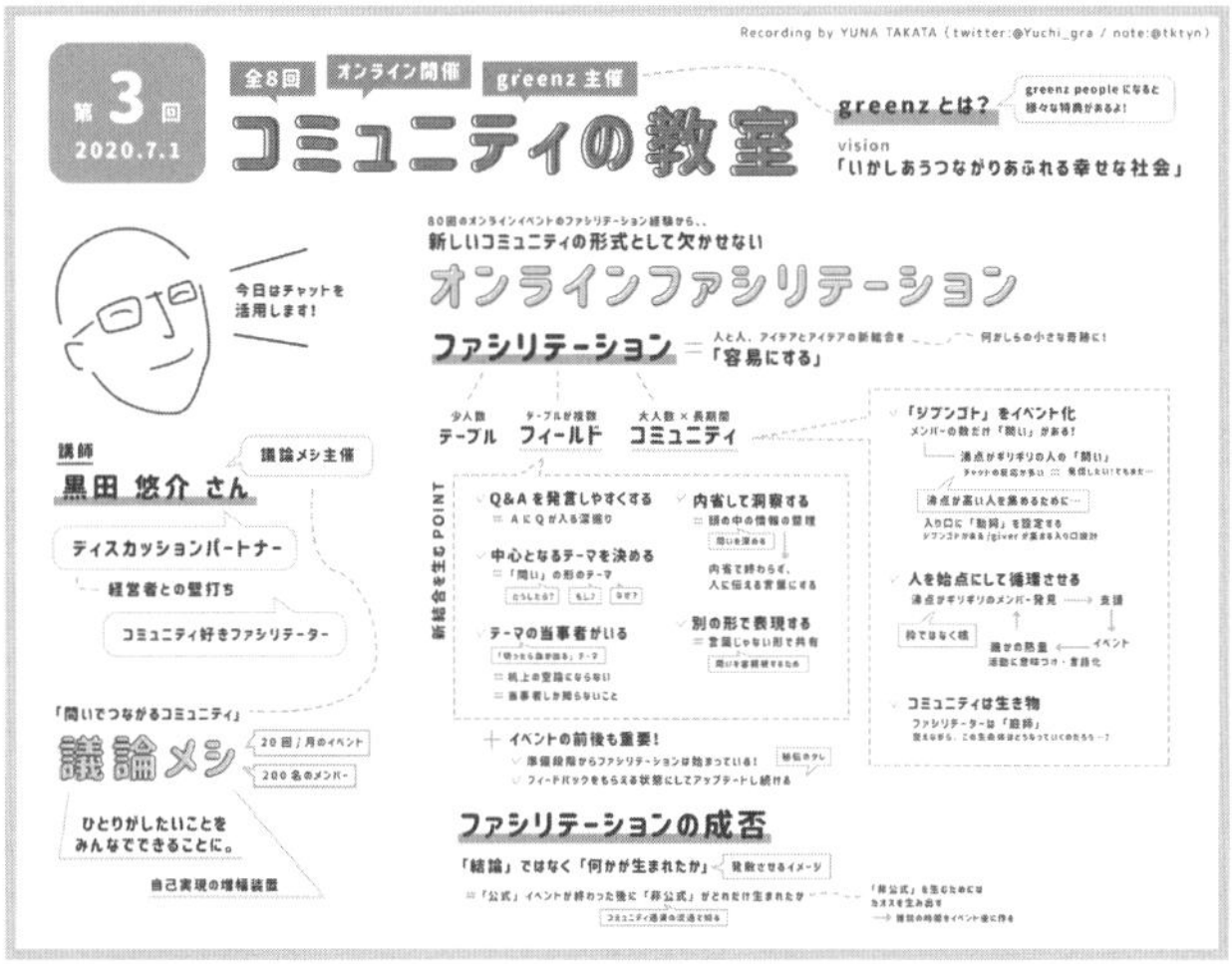

筆者が登壇した講座のグラフィックレコーディング（イラスト：タカタユナさん）

する感覚がありのめり込んでいったのだそうです。**ライフピボットの三つの要素である「スキルセット」「人的ネットワーク」「自己理解」に偶然が加わることで実現した隣接可能性の好例**と言えます。

タカタさんのように資料作成やデザインを本業としていた人だけでなく、ファシリテーターが場作りのためにグラフィックレコーディングを始め、副業や本業としてのめりこんでいくケースもあるようです。グラフィックレコーディングは文字通りレコーディングつまり記録としての価値に重点が置かれますが、ファシリテーションに重きを置く場合はグラフィックファシリテーターと呼ばれるようになります。グラフィックファシリテーション協会のホームページによれば「対話（はなし）を見える化することで、場の活性化や相互理解をうながす技術」だそうです。グラフィックレコーダーにとってグラフィックファシリテーターもまた一つの隣接可能性と言えます。念のための補足をしておくと、両者は重点を置く価値に違いがあるだけで、どちらの職業がより優れているというわけではありません。

コミュニティオーナー

COVID-19のパンデミック以降、リアルで人に会う機会が減ったことにより、それを補うようにコミュニティに所属したり自分で立ち上げたりする人が増えています。「ソーシャルディスタンス」がいたるところで意識されるようになりましたが、わたしたちはソーシャルアニマルです。身体的な距離は離れても精神的にはつながっていたい。そんなニーズがコミュニティを盛り上げているように感じます。これまでも自然発生的なコミュニティはありました。地域のコミュニティや血縁のコミュニティ、宗教のコミュニティなどです。しかし、地域のコミュニティは人口減少と高齢化で弱体化し、血縁のコミュニティは核家族化で解体され、日本では宗教コミュニティに所属している人の数は減少傾向です。そういったなかで、自分の居場所や役割を求める人のニーズが人工的なコミュニティを新たに生み出しています。こうして、自らコミュニティを立ち上げる「コミュニティオーナー」が増えているのです。コミュニティのサイズは数人から数万人まで幅広い。著名人やSNSでのインフルエンサーが作るコミュニティが目立ちますが、わたしの周りでは決して有名ではない人が着実にコミュニティを成長させているケースが増えてきています。

コミュニティオーナーは、コミュニティ運営の対価としてコミュニティメンバーから月額会費を受け取るカタチが多く見られますし、そのような決済をサポートするサービスも増えています。また、コミュニティで生まれるコンテンツやイベントに対して課金する場合もあります。一方で、個人向けの価値提供だけではなく、企業向けの価値提供で収益を上げることもできます。たとえば、企業から案件を受託してコミュニティメンバーと一緒に仕事をしたり（新商品のモニターなど）、コミュニティに対する宣伝費を企業から受け取ったりするケースがそれにあたります。

著名人のようなインフルエンサー型のコミュニティはその人物が中心になってコミュニティが活性化するタイプが多いですが、わたしのようにインフルエンサーではないタイプの人はテーマを中心にコミュニティを作ることが多いようです。テーマとして一般的なのは、オーナーが好きなモノやコト、価値観、趣味などです。

たとえば、わたしが主宰している「議論メシ」は議論することに価値を感じる人が集まるコミュニティです。ほかにもわたしの知人が主宰しているものとして「朝渋《あさしぶ》」は朝活、「はじまり商店街」はにぎわい作り、「やわラボ」はライブ配信、「ABLab」は宇宙ビジネス、「Localist Tokyo」は地方と東京の交流、というようにテーマの種類は本当に多彩で、挙げればきりがありません。自分ならどんなコミュニティを立ち上げるか、考えてみるのも面白いでしょう。

コミュニティにはオーナーの熱量が必要なので、「自己理解」に沿ってテーマを選ぶ必要があります。だからこそこれだけ多彩なコミュニティが増えているのだと思います。また、対話を仕事にしてきたコンサルタントやコーチ、カウンセラーなどがコミュニティを立ち上げているケースもあり、その場合は対話の「スキルセット」が活かされています。また、もともと蓄積していた「人的ネットワーク」を活かしてコミュニティを形成する場合もあります。このように、コミュニティオーナーもスキルセット、人的ネットワーク、自己理解という「三つの蓄積」によって見いだされる隣接可能性の一つと言えるでしょう。

ディスカッションパートナー

わたし自身の例もご紹介しておきましょう。わたしの肩書きの一つに「ディスカッションパートナー」があります。文字通り議論（ディスカッション）をするさいの相手役（パートナー）をする仕事です。新規事業を中心に、スタートアップから大企業まで、新しいプロジェクトを進めていく伴走役を務めてきました。2015年から約5年間、計100社以上とご一緒させていただいてきたこのディスカッションパートナーという仕事も、それまでの仕事を通じた「三つの蓄積」によって見いだされた隣接可能性です。少しずつではありますが、わたし以外にもディスカッションパートナーを名乗ったり、肩書きは違っても近い価値提供をしている人が増えています。

いろんなタイプのディスカッションパートナーがいるなか、わたしの場合は、ベンチャー企業の経営者として得た「事業立ち上げ」の「スキルセット」や、2年間で1000人以上と実施したキャリアコンサルティングで得た「対話による態度変容の知見」という「スキルセット」が役に立ちました。そこに議論が好きという「自己理解」が合わさり、「議論を通じて経営者をサポートし、新規事業を推進するディスカッションパートナー」というキャリアが隣接可能性として見いだされたのです。2015年8月の独立時点では「人的ネットワーク」は広くなかったので、平日のランチを毎日違う人と食べるという習慣でカバーしていきました。

ちなみに、経営者ができたのも、その前職で新規事業に携わったときの「スキルセット」があったからですし、経営者のあとにキャリアコンサルタントになろうとしたのも、日本の就職先の人気が大企業に偏っていてベンチャー企業が不人気であることに課題を感じた「自己理解」があったからこそでした。そうやって**マスを一つ進むごとに新しい隣接可能性のマスが見いだされ、そのマスに進んでいく**、という繰り返しです。

「三つの蓄積」とテクノロジーの進化

ライフピボットの**「三つの蓄積」とテクノロジーが掛け合わさって隣接可能性が増える場合**があります。たとえば、ゲームの大会に出場して賞金を得たりスポンサーを得たりするプロゲーマーは、ゲームのオンライン対戦機能が充実して競技人口が増えたことで実現した職業だと言えます。オンライン対戦が実現していなければ、人対人の駆け引きの面白さを知る機会が少なく、プロが成り立つほどの競技人口になっていなかったのではないでしょうか。高い反射神経などの「スキルセット」とゲームが好きという「自己理解」のある人が、テクノロジーのおかげでプロゲーマーというキャリアを隣接可能性として見いだせるようになったのです。

また、オンラインでのコミュニケーション技術の発達によって可能になった職種に、オンラインセールスがあります。セールスといえば訪問が必須でしたが、オンラインでヒアリングや商談を行う非対面のオンラインセールスと呼ばれる職業が一般的になってきました。セールスの「スキルセット」があれば、オンラインセールスにピボットすることができるでしょう。同様に、販売員といえば対面でモノを売るイメージですが、最近ではオンラインでライブ配信を通じてモノを売るライブ配信販売員も増えてきています。

また、**テクノロジーによって不足している「スキルセット」を補うこともできます**。たとえば、会計ソフトを使えば経理処理という「スキルセット」が必要ではなくなります。わたしはそのおかげでフリーランスになれたと言っても過言ではありません。もし手軽に使える会計ソフトがなければ、わたしはフリーランスとして活動するなかで会計処理に苦しんでいた可能性が高いです。

このように、テクノロジーの進化はわたしたちの隣接可能性を広げてくれる場合があります。動画編集をカンタンにしてくれるサービスは、あなたをYouTuberにしてくれるかもしれません。また、ＥＣサイトを誰でも作れるサービスは、あなたをハンドメイド作家にしてくれるかもしれません。新しいサービスが世の中に出てきたら「これを自分の三つの蓄積と組み合わせて何かできないか」と考えてみるといいでしょう。

ハニカムマップを活用しよう

ここまで、キャリアの隣接可能性について説明してきました。**隣接可能性をビジュアル化したものが、第1章でご紹介したハニカムマップ**です。みなさん自身の隣接可能性を整理するために、ハニカムマップを作成してみましょう！

ハニカムマップの作り方

・真ん中のマスに現在のキャリアと「三つの蓄積」から使えるものをカードとして書く
・隣接するマスにカードの組み合わせで考えられるキャリアの隣接可能性を書き出す
・それぞれの隣接可能性のマスで得られるであろうカードを想像で書く
・現在のキャリアのマスと隣接可能性のマスにあるカードを組み合わせて、もう1マス先にキャリアの隣接可能性を書き出す

1マス先の隣接可能性が三つで、一つの隣接可能性からさらに三つの隣接可能性があれば、現在のキャリアのマス以外に12マスが埋まることになります（再掲：図7を参照）。

作ったハニカムマップは、誰かに見せてフィードバックをもらうことでブラッシュアップできます。ワークショップイベントを開催するのも楽しそうですね。また、定期的に見直すことで自分の可能性を自覚できるため、リスクを恐れず現在のキャリアで積極的にチャレンジできるようになるでしょう。

図7 ハニカムマップの例1～ある企業でマーケターをしている人の場合～（再掲）

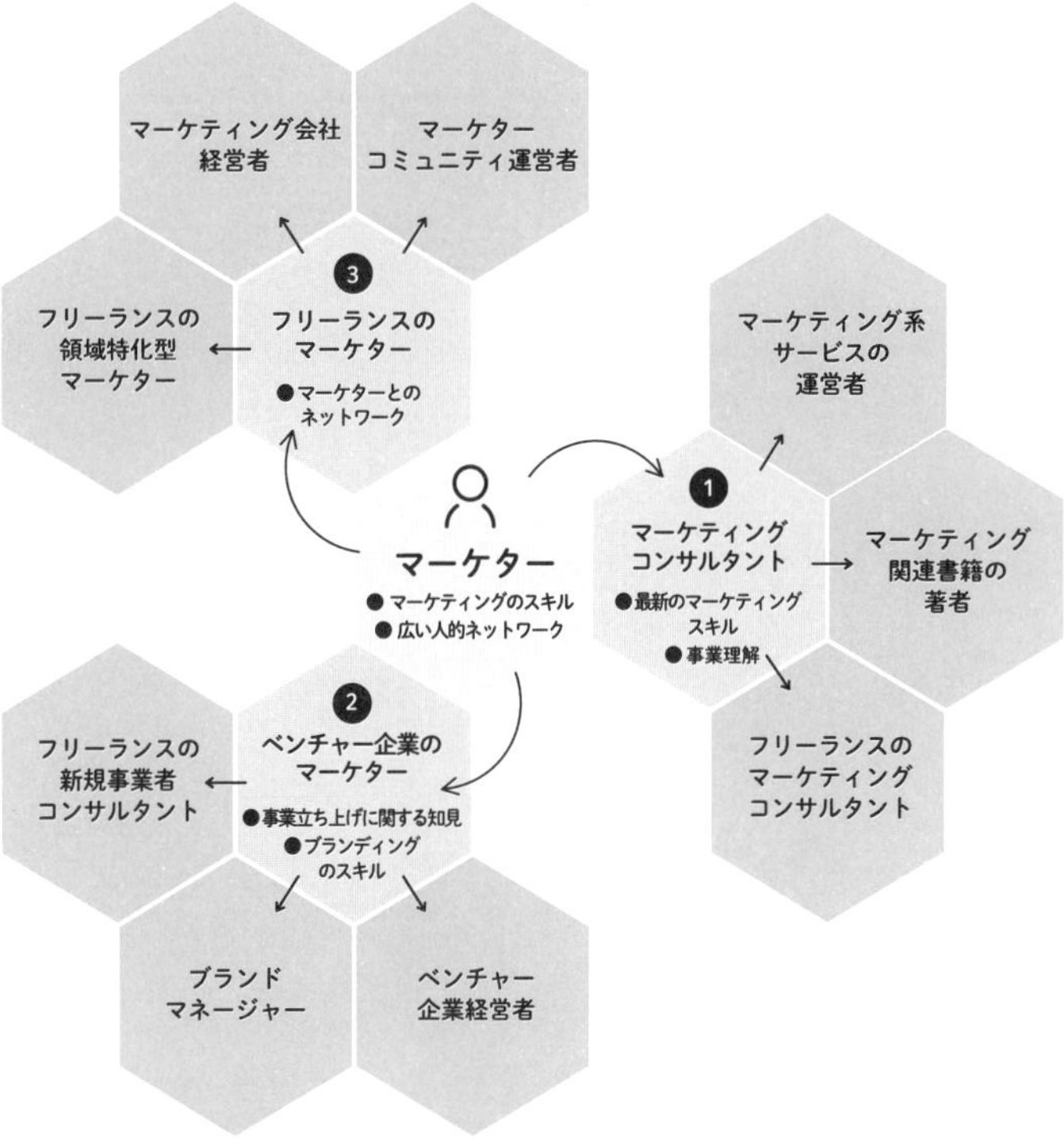

※「●」はそのマスで得られるカードを表しています。マスを進むごとに色を濃くしています

図8　自分のハニカムマップ

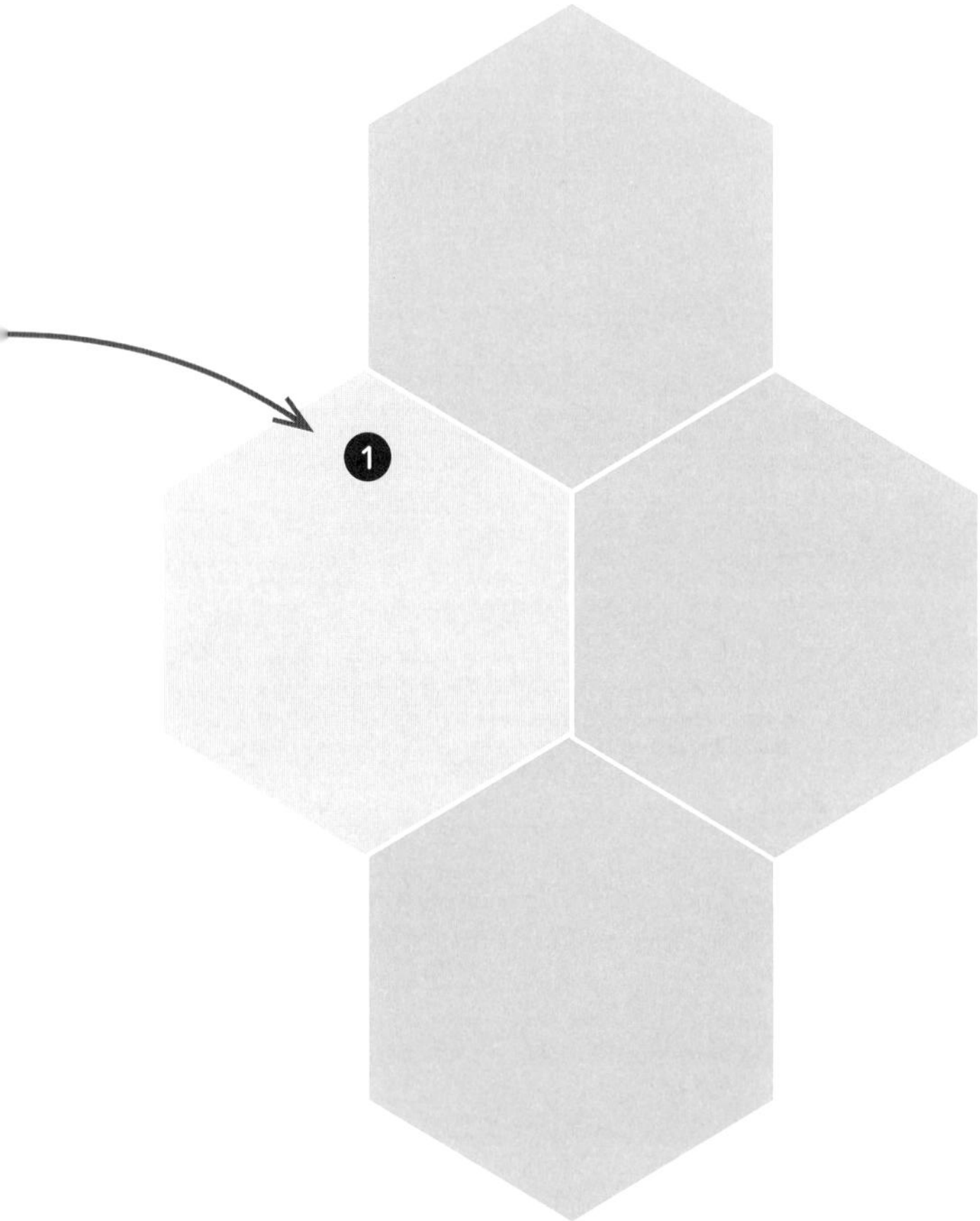

※読者のみなさんの隣接可能性を書き込んでみてください。
読者特典のPDF版もご利用いただけます（P.287）

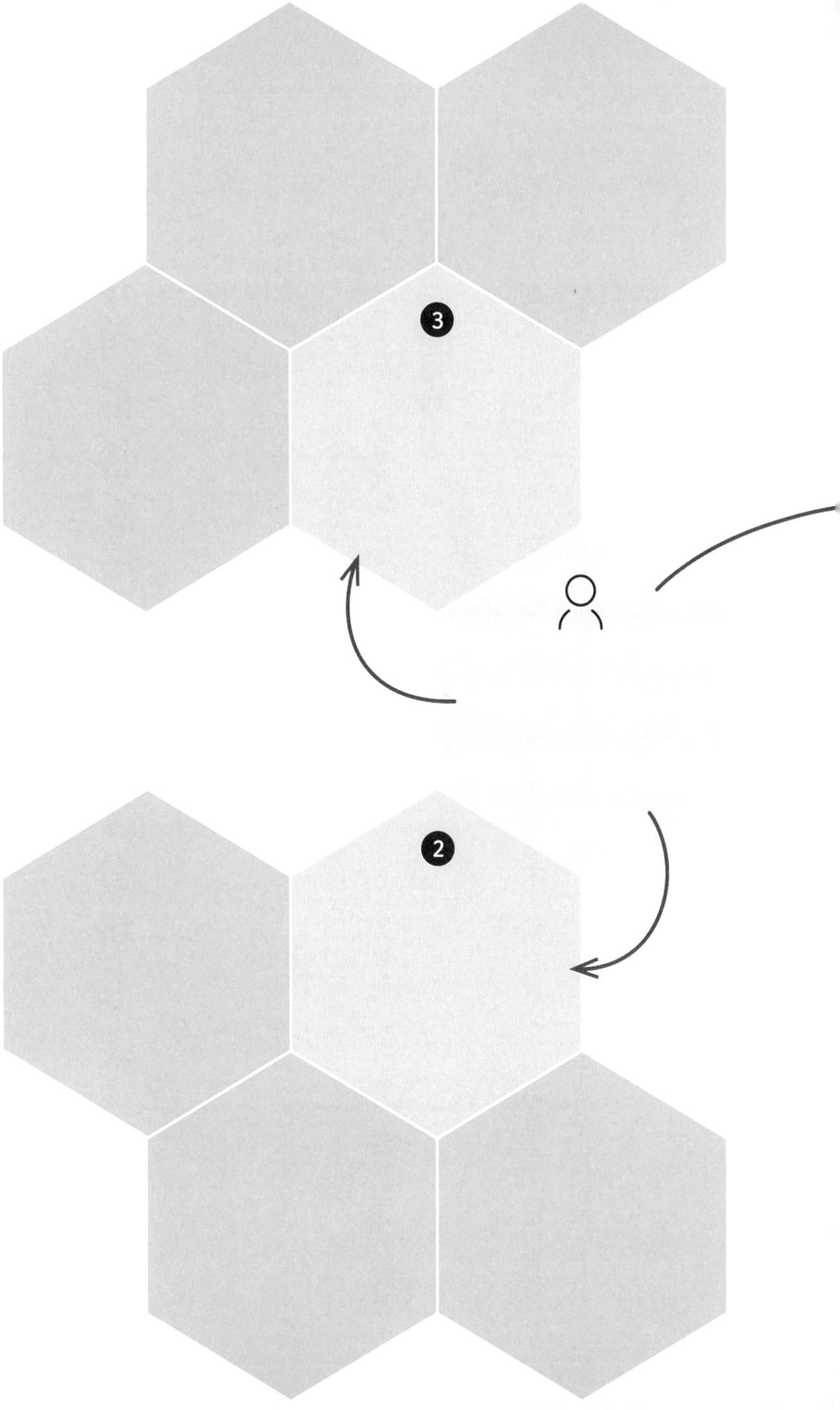
3
2

隣接可能性を三つの軸で分析しよう

ハニカムマップを作成して隣接可能性を洗い出したあとは、そのなかから選択する必要があります。うまくいかなければまた別の隣接可能性を選べばよいのですが、わたしたちの時間は有限なのですべての選択肢を無作為に試していく時間はありません。なので、**自分なりの優先順位をつけて選択する**のがよいでしょう。

優先順位の決め方は先人が知恵を残してくれています。最も有名なものは『7つの習慣』（キングベアー出版／完訳版2013年刊）の著者であるスティーブン・R・コヴィー氏が提唱したタスク管理法です。「緊急性」と「重要性」で優先度をつける手法です。その考え方から「緊急性」と「重要性」がともに高い隣接可能性から試してみる、というのもありでしょう。特に、隣接可能性が一定の時期や年齢までしかできないことなら、緊急性も高いでしょう。また、自分にとって重要なことがわかっていれば、緊急でなくても重要性という基準で優先度を上げるべきかもしれません。

Will、Can、Needマッピング

ここではもう一つ、「Will」「Can」「Need」の三つの輪を使って隣接可能性をマッピングして優先順位をつける方法をお伝えしたいと思います。まず、三つの輪をベン図のように配置します（図9）。ここに隣接可能性をマッピングしてみましょう。

①やりたい度合いの強いものは「Will」のなかに入れます。モチベーションの高さや意志の強さ、価値観との合致を重視する指標です。「自己理解」によって見いだされた隣接可能性はこの「Will」を満たす場合が多いです。

②できる度合いの強いものは「Can」のなかに入れます。スキルや知識を重視する指標です。「スキルセット」によって見いだされた隣接可能性はこの「Can」を満たす場合が多いです。

③他人から求められる度合いの強いものは「Need」のなかに入れます。つながりのある

図9　Wiil、Can、Needのベン図

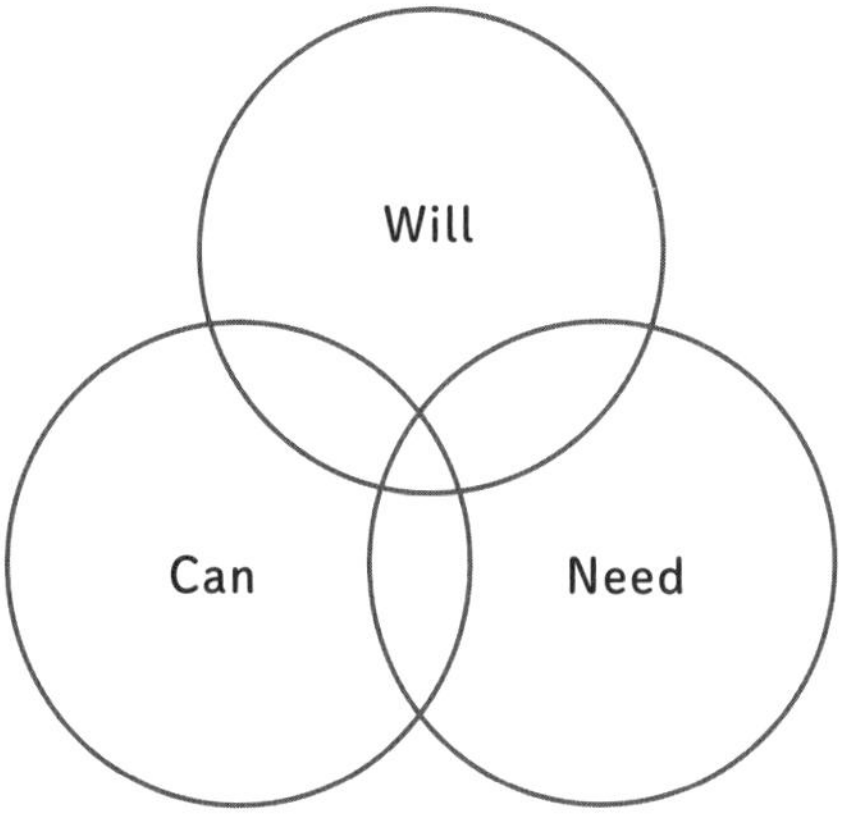

人から求められるかどうか、ニーズがあるかどうかの指標です。「人的ネットワーク」によって見いだされた隣接可能性はこの「Need」を満たす場合が多いです。

こうしてマッピングすると、隣接可能性は8パターンに分類されます（図10）。

より多くの輪に入っている隣接可能性を選ぶことで、無理なく楽しく稼げる活動になっていくはずです。8パターンの優先度を詳しく見てみましょう。

まず、Aのようにどの輪にも入らない隣接可能性は迷わず捨てていいでしょう。できない、

図10 隣接可能性の8パターン

A：Will → ×	Can → ×	Need → ×
B：Will → ○	Can → ×	Need → ×
C：Will → ×	Can → ○	Need → ×
D：Will → ×	Can → ×	Need → ○
E：Will → ○	Can → ○	Need → ×
F：Will → ○	Can → ×	Need → ○
G：Will → ×	Can → ○	Need → ○
H：Will → ○	Can → ○	Need → ○

やりたくない、ニーズがない、となると、誰のためにもなりません。こういった隣接可能性はそもそもハニカムマップでは出てこないので、考える必要はありません。一方、一つの輪に入る隣接可能性はどうでしょうか。Bはやりたいけど、できないしニーズがない。Cはできるけど、やりたくないしニーズがない。Dはニーズはあるけど、やりたくないしできない。どれもなかなか厳しい。積極的に選ぶ必要はなさそうです。

Eのパターンは趣味として始めよう

さて、ここから検討する価値のある隣接可能性のパターンになります。Eはやりたいしでき

図11　Eの隣接可能性

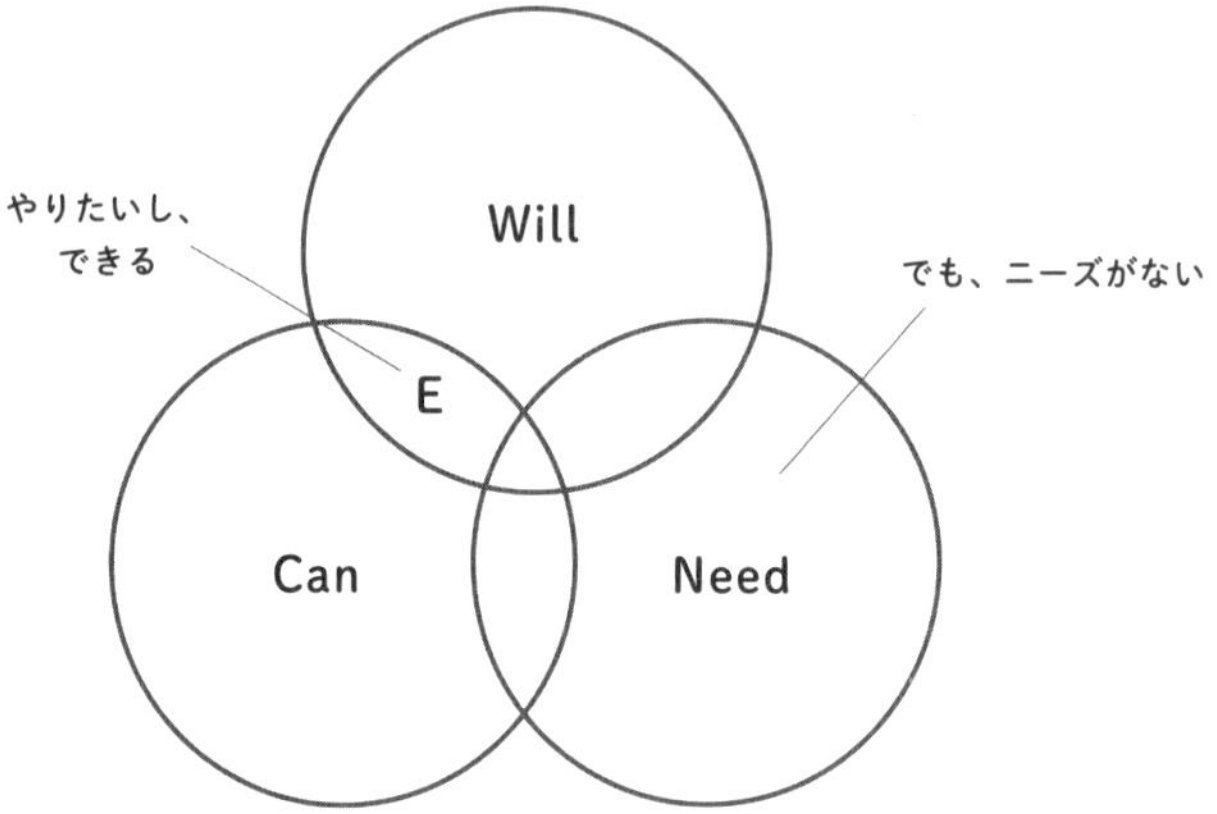

→　趣味として始める

るけど、ニーズがない。これは言い換えれば「趣味」とも言えるでしょう（図11）。たとえば、わたしはパズルを解くのはやりたいしできることですが、誰かのニーズにマッチしてはいないので趣味ですね。しかし、それを極限まで極めてパズルを華麗に解く動画を観たいというニーズがある人に届けることができれば、その活動は結果的に「Need」を満たすことになります。つまり、Eのパターンのようにやりたいしできることなら趣味として取り組んでみて、上達してきたら誰かに教えたりパフォーマンスとして披露することでニーズが出てくれば、三つの輪を満たす可能性があります。これならやってみる価値がありそうです。趣味なので、結果的にそれがラ

図12　Fの隣接可能性

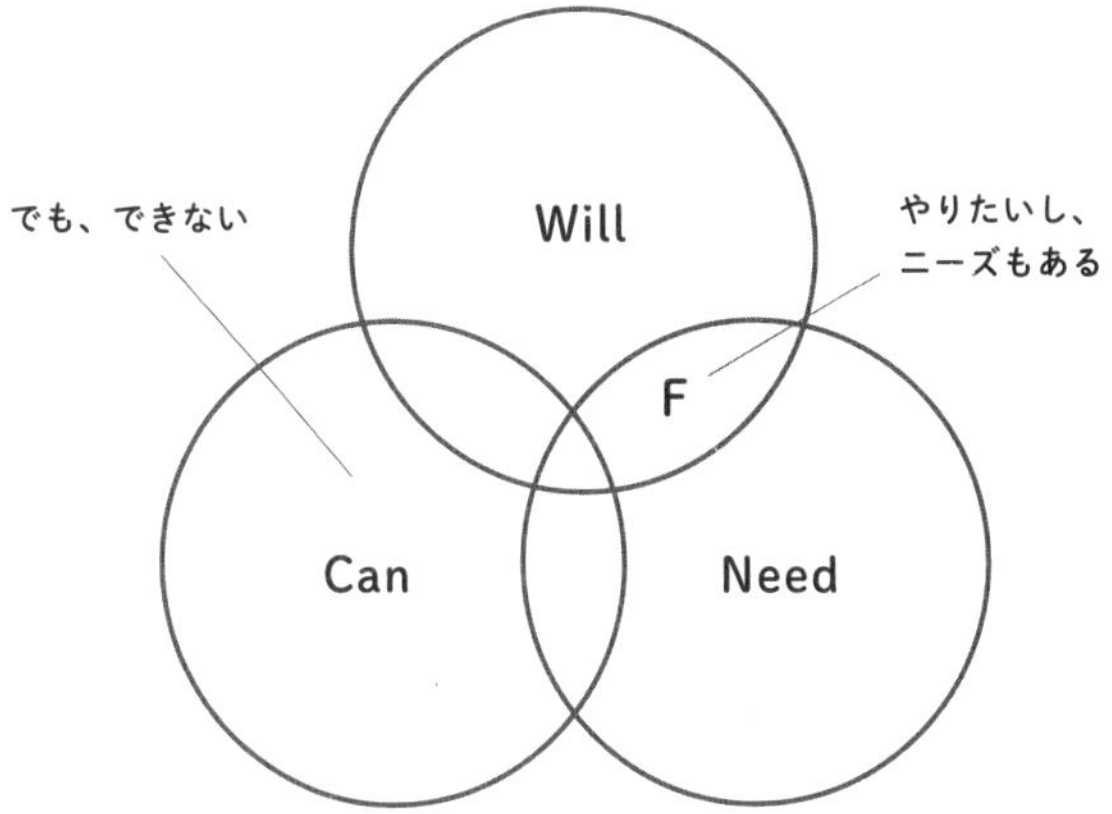

→　できる仲間を探す

イフピボットにつながらなかったとしても問題ありません。気軽に始めることができるでしょう。

Fのパターンはできる仲間を探そう

次にFのパターンを見てみましょう。Fはやりたいしニーズはあるけど、できない。これは「協働」プロジェクトと言えるでしょう（図12）。たとえば、わたしは、地域におけるフリーランスの活用は実現したいしニーズはあるのですが、できることではなかったので、地域に根ざした活動をされている方と協働で取り組むことで「Can」を満たすようにしていました。つまり、Fのパターンのように自分ではできないけど、ニーズがあることはわかっているなら、できる人を誘って一緒に活動すればいいのです。協働しているうちに自分でもできるようになれば、その活動は結果的に「Can」を満たし、三つの輪を満たすことになります。

個の時代はすべてが自己責任で、自分で何でもやろうとする人も多いように思います。でも、わたしたちは分業によって社会を成立させています。あなた自身のキャリアも分業で成立させていいのです。わたしは料理は作れませんがレストランをやってみたくなったので、キッチンスペースを借りてフリーランスのシェフに料理を作ってもらったことがあります。こうした仲間作りで重要なのは、自分のことを発信し続けることです。誰かに会ったらこのFの領域にある隣接可能性について話してみたり、ブログを書いたり、SNSでつぶやいてみたりするのです。そうやって自分のしたいことはこれだと表明する、つまり旗を立てることで、偶然の出会いが訪れる可能性が高くなります。

Gのパターンは貢献を意識しよう

続いてGのパターンを見てみましょう。Gはできるしニーズもあるけど、やりたくない（図

図13 Gの隣接可能性

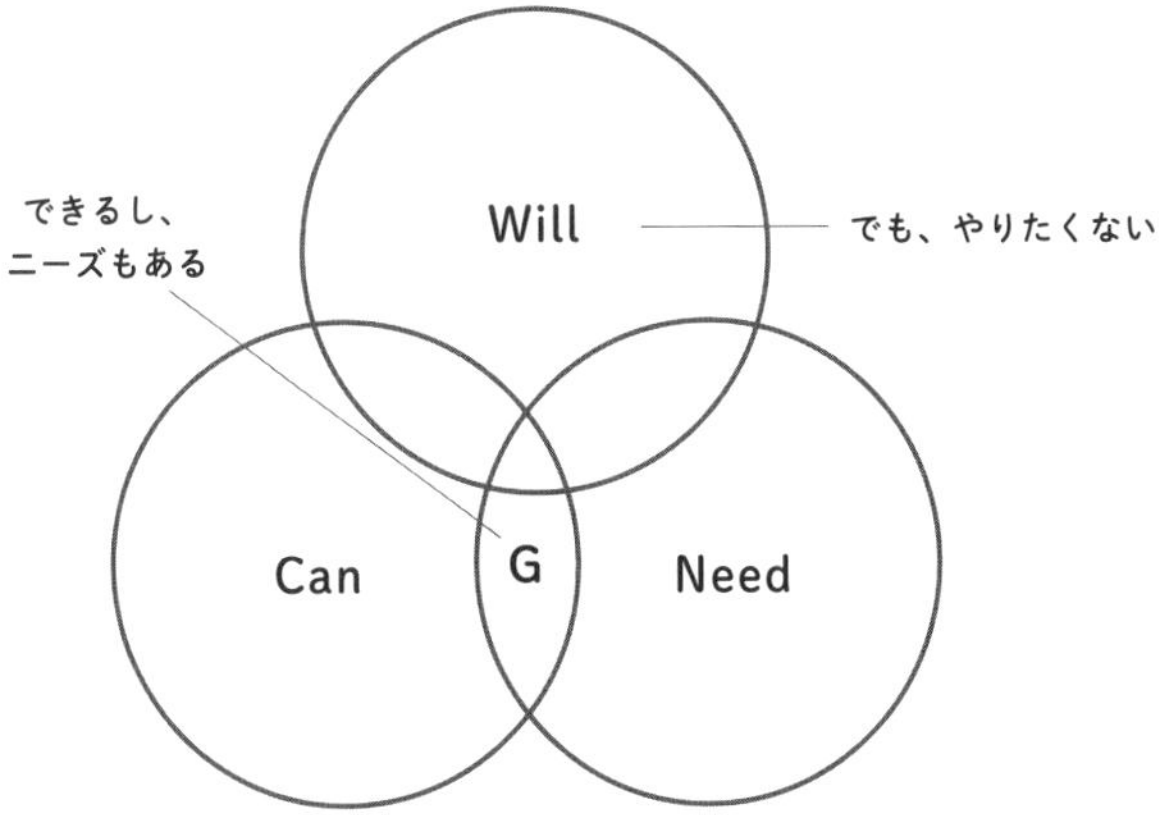

→ 貢献のつもりでやってみる

13）。これは「貢献」を意識して始めることができます。たとえば、わたしにとってイベントのモデレーターはできるしニーズもあることなのですが、やりたくないことでした。しかし、モデレーターの依頼を受けて実際にやってみると感謝されたり自分なりのやる意味が見えてきて「Will」も満たす活動になりました。つまり、Gのパターンのようにできるしニーズもあるなら貢献のつもりでニーズのある人のためにやってみて、継続したい気持ちが出てきたらそれは結果的に「Will」を満たすことになるので、三つの輪を満たすことになります。もし継続しても「Will」が満たされる兆しがなければ、やめればいいのです。

図14　Hの隣接可能性

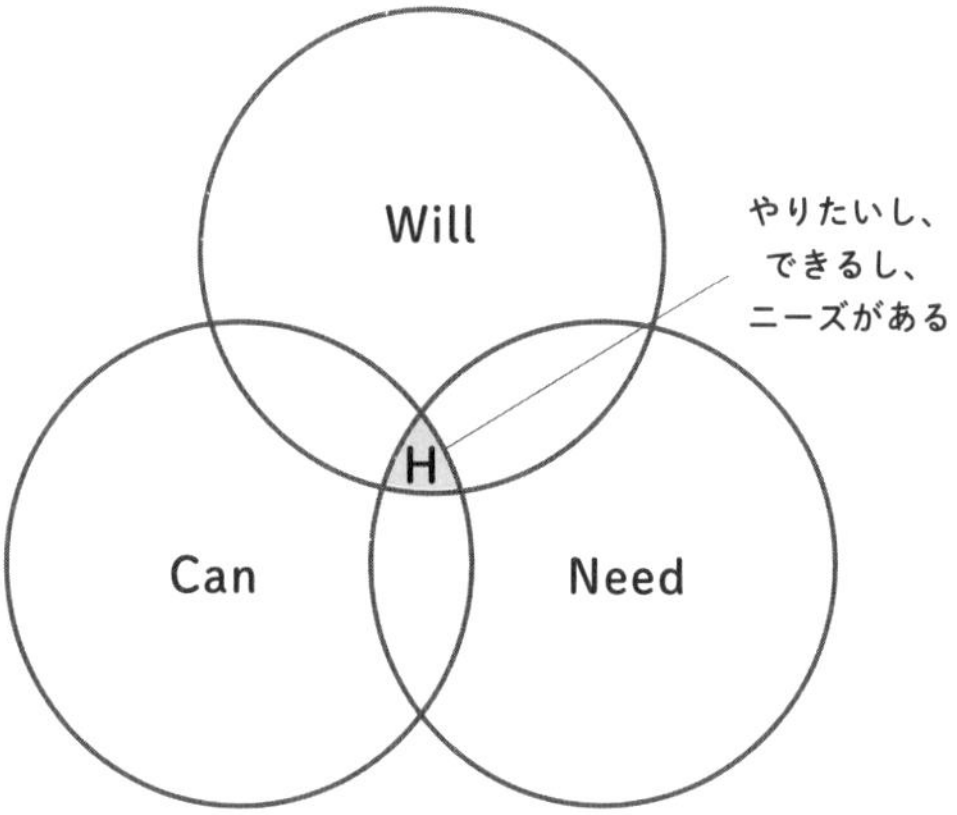

→　やるしかない！

Hのパターンはやるしかない

最後にHのパターンです。Hはやりたいしできるしニーズもある、というとても幸運な隣接可能性です（図14）。このパターンに当てはまることはあまり多くないかもしれませんが、もし見つかったら迷わずやってみるのがいいでしょう。わたしはそれが天職と呼べるものなんじゃないかなと思います。もちろん、実際にやってみたら実はE、F、Gのどれかのパターンだった、ということもあり得ますが、それならそれとして三つめの輪を満たすように活動していけばよいというのは先述のとおりです。どの隣接可能性のパターンを選んでも、最終的に目指すのはこのHのパターンです。

◆ ◆ ◆

ここまでで隣接可能性をマッピングしたときのすべてのパターンを説明しました。マッピングした理由は優先順位をつけるためでしたね。優先度が高いのは三つの輪をより多く満たした隣接可能性なので、H＞GFE＞DCB＞Aの順になります。G、F、Eも有力なパターンなので、そのなかで優先順位をつけたほうがいいでしょう。個人によって変わりそうですが、「E：趣味として始める」「F：できる仲間を探す」「G：貢献のつもりでやってみる」のなかで心理的なハードルが低いものから試してみるのがよいかもしれません。

続いては、優先順位の高い隣接可能性へと実際にライフピボットをする流れを説明していきます。

ライフピボットをしてみよう

ライフピボットをするタイミングや方法について説明する前に、重要なポイントがあります。それは、ライフピボットは人生で一度きりの特殊なイベントではないということです。ライフピボットをして1マス先に進んだら、そこでまた新しい経験をして「三つの蓄積」である「スキルセット」「人的ネットワーク」「自己理解」を積み重ねていくことになるのです。このようなライフピボットの繰り返しにおいて、**あらゆる活動は次のライフピボットに向けた準備段階でもある**のです。次のピボットがいつやってくるのかはわかりません。3ヶ月後かもしれないし、3年後かもしれない。ピボットのキッカケが何なのかも予想することはできません。しかし、わたしたちはそれを予想する必要はありません。それまでに仕事を通じた「三つの蓄積」があれば、いつでも隣接可能性を見いだすことができます。目の前の仕事や人とのつながり、そして自分自身に向き合い続けることが、未来につながるのです。逆に、仕事を漫然とやり過ごし、蓄積を怠ってしまえば、隣接可能性は少なく、限られた選択肢のなかからキャリアを選ばざるを得なくなります。

ピボットのタイミングは予想できませんが、そのキッカケは大きく2種類に分類できます。それは、ネガティブとポジティブです。ネガティブな状況下で自分を守るために行う「**守りのピボット**」とポジティブな状況下でよりよいキャリアに転換する「**攻めのピボット**」です。また、ピボットにかける期間の長さによっても、「**キレのあるピボット**」と「**なめらかなピボット**」の2種類に分類できます。どのタイプにも良し悪しがあるので、ご自身の状況や好みに合わせてピボットの仕方を選ぶのがいいでしょう。

①守りのピボット

守りのピボットは、ネガティブな状況から逃れ**「三つの蓄積」と自分自身を守るために起こすピボットのこと**です。ブラック企業に入ってしまった、嫌な上司とこれ以上仕事をしたくない、仕事が退屈になった、などの状況下では、「スキルセット」「人的ネットワーク」「自己理解」を蓄積したり分析したりする機会がなくなってしまいます。

もし「三つの蓄積」が脅かされるような状況だとしたら、できるだけ早くピボットしたほうがよいでしょう。逃げるのはダメだと我慢する必要はありません。逃げることもまた立派な生存戦略です。それに、そのマスでじっとしていても隣接可能性が広がるどころか狭まるばかりのジリ貧です。ここで「三つの蓄積」について、それぞれネガティブな状況の例を挙げます。

「スキルセット」が脅かされるのは、新しいスキルや学びが得られない状況です。社内で同じ仕事をやり続けていると陥る状況です。また、「人的ネットワーク」が脅かされるのは、長時間労働などによって新しい人と出会ったり関係性を深めたりする時間が取れないときです。長時間労働はそれと同時に「自己理解」に必要な内省や振り返りの時間も奪います。また、そういった状況以外にも、職場の強いストレスで心身の不調に陥った場合も「三つの蓄積」が脅かされます。スキルセットがそれまでのように発揮できなくなってしまったり、人的ネットワークへのアクセスができなくなったり、自己理解がネガティブに寄ってしまったりするのです。

このような、単調な仕事・長時間労働・過度のストレス、といった状況になってしまっていると感じたら「三つの蓄積」と自分自身を守るためにピボットしましょう。もちろん、ピボットをする前に、状況を変えられないか試してみるのがいいでしょう。同じ仕事を続けているようなら新しいスキルや学びが得られそうな部署に異動の希望を出したり、本を読んだり学びのあるコミュニティに所属するなどの時間を作るのもいいでしょう。また、労働時間について上司と相談したり、ストレス源から距離を取ったり改善要望を周囲に伝えてみるのもいいかもしれません。

しかし、そういった取り組みが実を結ばないなら、あっさりピボットしてしまったほうがいいでしょう。隣接可能性がゼロになり後戻りできないところまで「三つの蓄積」をすり減らす前に、早めにピボットして新しい経験を通してそれらを貯め直し、その先の隣接可能性を広げましょう。

②攻めのピボット

攻めのピボットは、**「三つの蓄積」は順調に増えているなかで、よりよい隣接可能性へとピボットすること**です。回避すべきネガティブな状況ではなくても、事前にハニカムマップで検討していた隣接可能性を選び取る絶好の機会が舞い込んでくることがあります。先述したジョン・D・クランボルツ教授らの「計画的偶然性理論」でご紹介したとおり、キャリアは偶然の要素が8割なので偶然そういったピボットの機会が得られることがあるのです。

ちなみに、そのような新しい機会は「弱いつながり」によってもたらされる、とする考え方があります。この「弱いつながり」はアメリカの社会学者であるマーク・S・グラノヴェッターが「The Strength of Weak Ties」という論文で示した仮説です。その論文によると、価値ある情報や機会は、家族や友人、会社の同僚のような強いネットワーク（強いつながり）よりも、ちょっとした知り合いのような弱いネットワーク（弱いつながり）によってもたらされるのだそうです。強いつながりだけでできたネットワークは同質性が高いため、タコツボ化して新しい情報や機会が入ってきにくい。そこに弱いつながりが混ざることによって初めて、つながりの薄かったネットワークからの新しい情報や機会が入ってくることになるのです。「三つの蓄積」で「広く多様な人的ネットワーク」がありましたが、まさにそういった人的ネットワークからの新しい情報や機会が攻めのピボットのキッカケになるのです。

攻めのピボットは守りのピボットとは異なり、変える必要のない状況下でのピボットです。

そのため、現在のキャリアとピボット後のキャリアのあいだで葛藤するケースもあるでしょう。そんなときには、なめらかなピボットも検討する価値があります。なめらかなピボットについて説明するために、先にキレのあるピボットについて説明しておきます。

③キレのあるピボット

魅力的な隣接可能性が見つかり、そこに足を踏み出すための偶然が舞い込み、現在のキャリアに未練がない。そんな状況なら、迷わず思い切りのいいピボットができるでしょう。そうでなくても、守りのピボットが必要なときに現状のキャリアに長居するのは得策ではないので、早めにピボットしたほうがいいでしょう。そのようなときに、**次のマスに向けて不連続な転換をする場合をキレのあるピボットと呼びます**。

新しいキャリアに向けて転職・独立・起業したりする場合、たいていの場合はこのタイプのピボットでしょう。心機一転、新しいマスで新しい活動に専念することができます。しかし最近では、キレのあるピボットに比べて長期間かけてじっくりとマスを移動し、複数のキャリアを両立するなめらかなピボットというスタイルを実践している人が増えています。複業やポートフォリオワーカーといった言葉で表現されるなめらかなピボットについて、じっくり見てみましょう。

④なめらかなピボット

ピボットは不連続な変化とは限りません。キレのあるピボットは一つのスタイルに過ぎません。**徐々に徐々に、数ヶ月から数年間かけてピボットする**こともできるのです。これを「なめらかなピボット」と呼びます。両足に体重を乗せながら、その重心を少しずつ移していくイメージです。ハニカムマップで言えば、二つのマスの境界にコマを置いた状態とも言えます。

このやり方なら、キャリアの隣接可能性を試しながら、現状のキャリアも継続できます。最近では本業に加えて副業を一つか二つ以上手掛けている人も増えてきました。そういった複数の仕事をしている状況を**「複業」**と呼びます。複業は、会社員が別の会社の仕事を業務委託で引き受けたりするケースが一般的ですが、経営者が自社の新規事業を立ち上げているあいだに既存のスキルセットを活かしてコンサルティングや制作業務を受託して事業の赤字を補填するケースも見受けられます。また、わたしのようなフリーランスにも、本業となる仕事のほかにいくつかの肩書きを持って活動している人が多い。最近では、転職したあとに前職の会社の仕事を業務委託で引き受けるという変わったケースの会社員まで出てきました。企業が自社の社員以外の人材を登用するようになったり、複業を認めるようになってきた動きも、こうしたなめらかなピボットの追い風になっています。

なめらかなピボットは、**現状のキャリアとピボット後のキャリアの両方に魅力を感じている場合や、ピボット後のキャリアを手軽に実験してみたい場合に有効**です。もし仮にピボット後のキャリアを試してうまくいかなければ、出した足を引っ込めて元のマスに戻ればいいのです。キレのあるピボットよりも気軽に始められる点が、なめらかなピボットのよいところです。

複業で隣接可能性を実験してみよう

具体的にどのようにして時間をかけた、なめらかなピボットが起きるのでしょうか？　あるマーケターを例にしてみましょう。会社勤めのマーケターがそのスキルを活かしてオンラインショップで自分が手掛けたプロダクト（ファッション・雑貨・食品など）を売ることがあります。マーケティングの「スキルセット」を活用したライフピボットです。しかし、このとき会社をいきなりやめてしまう必要はありません。それはキレのあるピボットです。そうではなく、**なめらかなピボットは両立を目指します**。マーケターを本業として収入源を確保しながら、チャレンジとしての副業でオンラインショップを始めるのです。このほうがかえって思い切ったチャレンジができるでしょう。仮にオンラインショップで売上が立たない状態でもじっくり続けられますし、全くうまくいかなければオンラインショップを閉じてピボットを中止し、マーケターとしてのキャリアに戻ることもできます。こうした許容可能な失敗はむしろ貴重な経験として「スキルセット」に蓄積されていきますし、「このやり方ではうまくいかない」といったことの発見だと思えば成功とも言えます。もしかしたらチャレンジの過程で手伝ってくれる「人的ネットワーク」が増えたり、「自己理解」が深まることもあるでしょう。逆に、オンラインショップが成功してそちらに注力したくなってきたら、現在の会社の仕事を業務委託に切り替えて副業にして、オンラインショップ運営を本業にすることもできます。あるいは、完全に現在の会社からは離れる可能性もあるでしょう。

このように、**リスクを抑えつつ、自分の可能性を試しながら状況に応じて柔軟に2足のわらじにかける体重の比率を変えていく**のです。最初は9対1で会社がメイン（本業）だったところから、少しずつ8対2、7対3と副業の割合を増やしていき、理想的なバランスを見つけていく。一度バランスが取れたと思っても、状況に応じて体勢を変えて比率を変えていくことも可能です。このプロセスには数ヶ月から数年かかることもあるでしょう。最終的にどのようなバランスに落ち着くのかは、誰にもわかりません。完全に次のマスへの移動が完了するかもしれないし、元のマスに戻ることもあるかもしれないし、どちらかに腰を落ち着けることなくバランスを取り続けるのかもしれません。

わたし自身も、2018年までは本業がディスカッションパートナー（収入の8割）で副業がコミュニティ運営（収入の2割）でしたが、なめらかなピボットを経ていまではディスカッションパートナー（収入の2割）が副業で、コミュニティ運営（収入の8割）が本業と逆転しました。また、最近は「コミュニティ運営のアドバイザー」や「オンラインファシリテーター」という副業も増えてきており、体重をかけるバランスは常に流動的です。

なめらかなピボットのコツはともかく、隣接可能性についての実験を気軽に始めてみることです。実際に行動してみると思わぬ発見や出会いがあり、「三つの蓄積」が増え、それによってさらにその隣接可能性が選択しやすくなることもあります。服を試着してみる感覚でいいと思います。キレのあるピボットは選んだ隣接可能性にかける体重を0から10にいきなり切り替える方法なので、こうした気軽さはあまりないでしょう。なめらかなピボットは、このように**精神的なハードルが低い点でもオススメ**なのです。

ハードルを下げる三つのコツ

しかし、これだけの利点がありながら、それでも副業を始めることをためらう人もいるようです。副業することへの精神的なハードルを下げるために、三つのポイントを挙げてみます。

1．副業で稼ごうとしなくていい

「業」という字が入っていることもあり、本業と副業の両方ともしっかり稼がなくてはいけないというプレッシャーを感じる人もいるようです。でも、本業で収入が確保できているのであれば、副業では稼ぐ必要はありません。後述するように、複業は本業と副業の組み合わせでバランスを取ることができるスタイルなので、副業が無収入もしくは低収入でも、金銭以外に得られるもの（スキルセット・人的ネットワーク・自己理解など）があればやる意味があります。

2．許容可能な失敗をしよう

副業を成功させる必要はありません。失敗したとしても、なぜうまくいかなかったのかを分析してそこから学びがあれば十分です。学びがあれば、実験としては成功です。「失敗してはいけない」という思い込みは隣接可能性を狭めるだけで、よいことはありません。ただし、避けなければならない失敗もあります。それは、何の学びもない失敗や、二度と立ち上がれない損失を出す失敗です。リターンの大きさではなく、リスクの小ささで副業の始め方を考えるのがよいでしょう。

3. 身近な人から始めよう

副業をするときに、営業やマーケティングを通じて自分を売り込んでいかないといけないと思い込み、副業を始めることをためらう人がいます。しかし、身近な人への価値提供から始めれば、その心配は不要になります。身近な人と話すなかでそのニーズを把握し、自分にできることがないか考えてみましょう。もし自分の隣接可能性が相手のニーズを満たす可能性があるなら、副業として始めるチャンスです。お金をもらうことに抵抗があれば無償でやってみてもいいでしょう。また、身近な人なら失敗しても許容してくれるはずです。

複業で「八つの報酬」のバランスを取る

なめらかなピボットについて説明するさいに、「バランスを取る」という表現をしていたのですが、実際のところ何のバランスを取るのかを曖昧にしていました。それを明確化するために、仕事から得られる報酬の話をしておこうと思います。

報酬というと金銭的な報酬が思い浮かびやすいですが、実はわたしたちが活動から得ている報酬にはそれ以外にたくさんの種類があります。わたしはその報酬の種類を、「三つの蓄積」である**「スキルセット」「人的ネットワーク」「自己理解」だけでなく「ポジティブ感情」「達成」「没頭」「意味」の四つと、一般的な「金銭」を加えて「八つの報酬」**として整理しています。

この「ポジティブ感情」「達成」「没頭」「意味」とはなんでしょうか？ 実はこれらの要素はポジティブ心理学から拝借しています。ポジティブ心理学とは、それまでの心理学が精神疾患を治すことにフォーカスしていたのに対して、より幸福に生きるための心理学として位置づけられます。このポジティブ心理学を創設したのがマーティン・セリグマン博士なのですが、彼が2011年に提唱したのが**PERMAモデル**です。わたしたちがよりよく幸福に生きるために必要な因子をこのモデルでは以下の五つに分類しています。

- **ポジティブ感情〈Positive emotion〉**
楽しい、嬉しい、面白い、感動する、感謝する、といったポジティブな感情。
- **没頭〈Engagement〉**
時間を忘れて何かに集中して取り組むこと。ゾーンやフローとも呼ばれる。
- **関係性〈Relationships〉**
身近な他者とのつながりや相互理解、そしてそこから生まれる協力関係。
- **意味〈Meaning〉**
自分の行為が社会や世の中といった大きな何かにつながっていること。
- **達成〈Accomplishment〉**
自分で立てた目標を達成したり、課題をやり遂げたりすること。

それぞれの頭文字を取ってPERMAモデルと呼ばれています。わたしたちは仕事を通じてこれらの報酬を得ることで、ピボットの繰り返しの人生に疲弊することなく、進んでいくことができるのだと思います。ＰＥＲＭＡモデルのなかで関係性〈Relationships〉は「三つの蓄積」の「人的ネットワーク」に含まれると考え、それ以外の四つの要素をＰＥＲＭＡモデルから拝借し、ライフピボットの「三つの蓄積」と「金銭」に加えて「八つの報酬」として整理したのです。

これらの「八つの報酬」を一つの仕事で得るのは至難の業です。だからこそ、複業をすることでそのバランスを取ることが理想的です。人によってどの報酬を重視するかも違うので、バランスの取り方も人それぞれです。たとえば、自身が重視する報酬のうち、本業からは三つ（例：金銭、スキルセット、達成）を、副業からはまた別の三つ（自己理解、ポジティブ感情、没頭）を得る、という具合でバランスを取ることができるわけです。

何歳でもピボットできる

これまでの内容をまとめると、ライフピボットの全容が見えてきます。①仕事の経験を通じて「三つの蓄積」を貯め、②そこから隣接可能性をハニカムマップで洗い出し、③「Will」「Can」「Need」の三つの軸で分析し、④「守り」か「攻め」を動機にして「キレのある」もしくは「なめらかな（複業による）」ピボットをする、といった流れです。ピボットが完了したらまた①に戻る。この一連の①〜④のプロセスを、キャリアが続く限り繰り返すのです。しかし果たして、わたしたちは何歳までこうしたライフピボットができるでしょうか？ わたしは年齢制限はないと思います。ここでは**年代別のライフピボットの戦略**について考えてみましょう。

ここでは、『フルライフ』（NewsPicksパブリッシング／2020年）という著書で石川善樹博士が提唱している、100年の人生を四季にたとえる区分を転用させていただきます。シンプルに25歳までを春、50歳までを夏、75歳までを秋、100歳までを冬、としましょう。

25歳までの人生の春は学校に通って学んだり仕事を覚えたりする時期です。この期間でまずは基礎的な「スキルセット」を身につけることになります。まだ「自己理解」は未熟な状態なので、なんでも好奇心にまかせてやってみるのがいいでしょう。そこから50歳までの人生の夏は、仕事を通じて自分の専門性や独自性を高める時期です。様々な「スキルセット」が身につき、仕事の幅も広がることで「人的ネットワーク」も広がり、「自己理解」も深まり、やりたいことが見えてくるかもしれません。三つの蓄積はこの時点で最高潮になるでしょう。そして、75歳までの人生の秋では、体力の減衰に伴って「スキルセット」の面では落ち込んでくるものの、その反面仕事に余裕が生まれて「人的ネットワーク」を広めたり深めたりする時間が使えるようになるでしょう。人生の冬に頼れるのは「スキルセット」ではなく「人的ネットワーク」なので、人生の秋の期間に備えておく必要があります。そして100歳までの人生の冬は、秋までに蓄積した「人的ネットワーク」を活用し、「自己理解」に沿って好きなことをしていく人生の総集編です。もちろん、身体的・認知的な衰えは避けられないので、できることは限られますが、いまでは眼球さえ動けば文字入力ができるテクノロジーがあるので、たとえ寝たきりになったとしても誰かとコミュニケーションを取ったり考えを発信したりできるでしょう。

このように、ライフピボットの三つの蓄積を時期に応じて貯めていくことで、生涯を通じたライフピボットが可能になります。老後の金銭的な不安がある人は、これらの蓄積ではなく、お金で解決しようとしているからかもしれません。しかし、金銭以外の蓄積によってこそ、わたしたちは楽しく幸福な人生を生き抜くことができるのだと思います。

第3章

蓄積のためのアクション

前編

「いまここ」から始めるライフピボット

ここまで、ライフピボットに必要な「三つの蓄積」である「スキルセット」「人的ネットワーク」「自己理解」を中心に議論を進めてきました。読者のみなさんのなかには、いままで仕事でこれらの蓄積をしてこなかったとショックを受けている人もいるかもしれません。しかし、**ライフピボットに過去は関係ありません**。どれだけ素晴らしい学歴や経歴を歩んできているように見えても、それはあくまで履歴書の見栄えがするラベルにすぎません。**重要なのは、そのラベルの中身にある経験**です。今日からでも意識を変えて、**「いまここ」の仕事に向き合いましょう**。そうすればいつでも、仕事を通じた経験によって「三つの蓄積」を貯めるスタート地点に立つことができます。

具体例として、学歴はキャリアに関係ないことを証明している人たちを挙げておきましょう。

上場企業を含む１００社以上を束ねるＧＭＯインターネットグループの代表取締役会長兼社長の熊谷正寿さんは高校中退後に父親の事業を手伝い、27歳で起業、37歳で上場を果たしました。また、アジア６都市に１５００人以上の社員を抱え、企業のソフトウェア開発などを手掛けるSun Asteriskの代表取締役ＣＥＯの小林泰平さんも、高校を中退し36歳で上場しています。また、ＤＭＭ会長の亀山敬司さんやZOZOTOWN創業者の前澤友作さんも高卒です。

このように、大学卒ではなくても活躍している人はいるのです。高学歴な大卒者はあくまで大学受験に成功したに過ぎません。その後の大学生活を無為に過ごしてしまえば、高卒者に比べて４年間（あるいは留年してそれ以上も）社会に出るのが遅れてしまうことに。そうなれば、10代後半から20代前半にがむしゃらに働いてライフピボットの「三つの蓄積」を貯められたはずの貴重な機会を逸してしまうだけです。

ライフピボットに過去は関係ありません。第１章〜第２章でお伝えしたように、ハニカムマップの「いまここ」のマスで「三つの蓄積」を貯めて次に進める隣接可能性のマスを増やすことが重要なのです。

しかし、どれだけ「三つの蓄積」を貯めていたとしても、それだけでライフピボットが成功するわけではありません。どれだけ動こうと思っても足枷がはめられていたら動けないように、**ピボットの実現を拒む阻害要因**があるのです。ライフピボットを実現するためのアクションをする前に、この阻害要因を知っておくとよいでしょう。それは「お金がない」「理解がない」「時間がない」の三つの欠如です。

ライフピボットの阻害要因である「三つの欠如」

クルマにたとえれば、「スキルセット」と「人的ネットワーク」は前進のためのアクセルで、「自己理解」が方向を決めるハンドルといった役割分担です。しかし、もしアクセルと同時にブレーキが踏まれていたらどうでしょうか？　前に進めないどころか、コントロールを失い事故を起こしてしまうかもしれません。ライフピボットを実現させるには、このブレーキに当たる阻害要因を解消しておく必要があります。では具体的に、どのような阻害要因があり、どのようにすれば対処できるのでしょうか？

①お金がない

第2章で「八つの報酬」について触れました。わたしたちが仕事から得られる報酬は「スキルセット」「人的ネットワーク」「自己理解」「ポジティブ感情」「達成」「没頭」「意味」「金銭」

があるという考え方です。このなかでも金銭とそれ以外の七つの報酬は少し異なる特徴があります。自給自足生活をしている人を除き、ほとんどの人にとっては、金銭がなくては生活がままならないものです。生活を営むために、**金銭以外の七つの報酬が「あったほうがいい」なのに対して、金銭は「ないとダメ」**なのです。税金や家賃、食費など、様々な面でお金が必要です。ノーベル経済学賞受賞者のダニエル・カーネマン教授の研究で年収が一定以上になると幸福度は横ばいになることが示されたように、お金があるほど幸せというわけではありませんが、お金があることで不幸は防げる。そして、選択肢が増える場面も多々あります。

特にライフピボットにおいては、一時的に収入が不安定になるさいに、数ヶ月分の生活費でも手元にあれば思い切った行動が取りやすくなります。また、長時間労働などから自分を守るための「守りのピボット」をする場合にも、生活費を気にせず一旦そのキャリアを離れることで、次の隣接可能性を落ち着いて考えられるでしょう。

収入を上げるよりは支出を抑えるほうがカンタンなので、お金を貯めるにはまず固定費を下げるのが先決です。そして、一定の金額もしくは割合でコンスタントに貯金するのがよいでしょう。また、パートナーがいる場合はパートナーに生活費を稼いでもらうことで、収入が不安定な状況を乗り切ることもできます。いつかパートナーのほうがライフピボットするときには自分が支える側になることもあるでしょうし、お互い様ですね。

とはいえ、ライフピボットは金銭的なコストはかからないケースがほとんどなので、店舗を出店するなどの例外を除いて**大金を貯める必要はありません。仮にそんな余裕があるのであれば、そのお金を使って時間を作ったり機会を買うことで「三つの蓄積」を貯めるほうが有益**だと思います。お金を過剰に貯めることは「そのお金を使ってできたはずの経験をしてこなかった」という機会損失とも言えます。お金は少なすぎても選択肢を狭めますが、貯めすぎてももったいない。適度に貯めておくくらいでちょうどいいのです。

②理解がない

「嫁ブロック」という言葉があります。応援してくれるはずのパートナーが、自分のライフピボットなどの挑戦に反対する状況を指しているそうです。なんとも悲しい話ですが、これはパートナーとの関係性が問題であるという理由だけではなく、ピボットへの不安の表れとも取れます。ケースバイケースですが、そこで重要なのは感情的になったり諦めたりせずに、**冷静**

に対話をすることです。対話を通じて、なぜそのライフピボットが必要で、それによってどんな将来が待っているのか、またお互いがそもそもどんな将来をイメージしているかを話し合うのです。そのさいに、ライフピボットすることのメリット・デメリットだけでなく、ライフピボットをしなかった場合のメリット・デメリットも話し合うことで、総合的に判断することができるようになるでしょう。

理解してもらうための最大限の努力は必要です。しかし、それでも理解してもらえなかったとしたら、**最終的には自分で決める覚悟も必要**です。結局は自分の人生ですから。最初は理解してもらえなくても、あとから理解してもらえる場合もあるでしょう。以前キャリアコンサルタントをしていたときに、ベンチャー企業に入社することを親に反対されている大学生と話したことがありました。親の言うことを聞くことと、親の反対を押し切って自分のやりたいことをやって楽しく働く姿を見せるのと、どちらが親孝行になるか。その大学生と一緒に考えた結果、彼は自分の希望するベンチャー企業に入社し、いまでは両親にも理解してもらえているそうです。周囲の理解がなくても、最後に決めるのは自分なのです。

職場での理解をどう求める？

一方で、家庭での理解とは別に、職場での理解が必要な場合もあります。たとえば、副業をしようとしたときに、会社に申請し、承認をもらうことが必要なケース。また、申請が承認されても、周囲の理解がないと「副業にかまけて本業である会社の業務がおろそかになっているんじゃないか」などと勘《かん》ぐられる可能性もあります。これもまた、事前に同僚や上司との対話が必要になるでしょう。

副業で得た「スキルセット」「人的ネットワーク」「自己理解」は本業の会社の業務にも活きるはずです。会社にとっても有意義である点を納得してもらうために、**副業で得られるこれらの「三つの蓄積」を整理して、どのように本業に活きるのかを説明できるようにしておく**といいでしょう。たとえば、副業で新しい「人的ネットワーク」が広がれば、会社にとっての顧客企業やパートナー企業としてアプローチできるかもしれません。また、副業で事業推進やリーダーシップといった「スキルセット」が身につくことも多いので、本業でも活かせるでしょう。副業によって蓄積される「スキルセット」と「人的ネットワーク」は、会社にとっても価値ある財産になるのです。

こうした観点から、株式会社エンファクトリーという会社では人材理念として「専業禁止」

を掲げています。数ヶ月に一回、副業でどんなことをしているか全社に報告する会もあり、副業が社内に広く浸透しています。優秀な人ほど社外でやりたいことを見つけたら辞めてしまうので、そういった人材が会社に残る選択をしやすくなることも狙いとしてあるようです。副業という「他流試合」を通じて個人として力をつけた社員は、会社の本業でも活躍することでしょう。

社員の副業が会社にとってもメリットがあることをこのように説明しても認めてもらえない場合、「副業を認めてもらえないなら会社を退職してチャレンジすることも考えている」と強気に伝えるのも一つの手です。副業を認めることで退職を防げるのなら、会社側も認めざるを得ないでしょう。ただ、これは自分が社内で評価されていて、辞められては困る人材である場合に限ります。もし引き止めてもらう自信がなければ、別の手もあります。それは、日頃から自己管理を徹底しておくことです。ただでさえ遅刻したり締め切りに遅れたりする傾向があれば、副業によってさらに悪化する可能性があります。副業で本業をおろそかにしない、という言葉を信用してもらうためにも、日頃から時間や締め切りを守って自己管理ができることを印象づけておきましょう。

③時間がない

時間は誰もが共通で持っている資産ですが、その特徴は刻一刻と減っていくことです。その資産が尽きるときが、わたしたちが死ぬときです。だから、**時間の使い方とは自分の命の使い方と同じ意味**を持ちます。しかし、その時間の使い方の主導権を他人に渡してしまっている人も多いのではないでしょうか。それでは自分の望むような時間の使い方はできず、ライフピボットに向けたアクションが取れないまま日々を過ごすことになります。では、どうすれば自らの手で時間の使い方の主導権を握ることができるのでしょうか？　一つオススメのコツがあります。

それは、**重要な予定を先にカレンダーに入れてしまう**、というテクニックです。誰かから何かをお願いされる前に、かなり先までカレンダーに自分のしたいこと（会いたい人に会う、家族と過ごす、考え事をする）を予定として入れてしまうのです。こうした優先度の高い予定を先にカレンダーに入れて埋めておくことで時間を確保することができます。他人からのお願いごとは、優先度の高い予定のスキマに入れていきましょう。

時間の使い方について、こんなたとえ話があります。目の前に一つの瓶があるとします。そこに石と砂を入れていくのですが、瓶に砂を先に入れて、あとから石を入れたら、石のほうは入り切りません。しかし、まず石を入れたあとに砂を入れれば、石の間に砂が入り込んでうまくおさまるのです。このたとえが表しているのは先ほどのカレンダーのテクニックと同じことです。瓶はわたしたちの人生です。そして、自分にとって重要な予定は石、些末な予定は砂です。些末な予定で人生を埋め尽くされる前に、大事な予定を先に入れてしまいましょう。

すでにカレンダーが砂（些末な予定）で埋め尽くされてしまっているなら、**やらないことを決めて断る**のがいいでしょう。断ることで相手にガッカリされるかもしれませんが、それだけのことです。断ることで貴重なチャンスを失うかもしれませんが、断らないことで新しいことを始めるチャンスを失うことも忘れてはいけません。自分のやるべきことに集中して成果を出し、空き時間を作り、そこでライフピボットに向けた蓄積のアクションを実行するのです。もし、断ることすら難しい状況に置かれていたとしたら、それは「守りのピボット」が必要でしょう。その場から離れることで、自分自身と「三つの資産」を守りましょう。**逃げることは全く恥ずかしいことではありません**。未来のライフピボットの可能性を広げる立派な選択肢の一つです。

蓄積のための六つのアクション

ライフピボットの阻害要因である「三つの欠如」を解消しておけば、ライフピボットをすることも、そのために「三つの蓄積」を貯めることもカンタンになります。それではここから、具体的にどのようなアクションを通じて「三つの蓄積」を貯められるのかを考えていきましょう。このアクションを地道に実行すれば、ライフピボットを自在に繰り返し、自分で人生やキャリアの舵取りができるようになるでしょう。「三つの蓄積」の要素である「スキルセット」「人的ネットワーク」「自己理解」のそれぞれについてアクションを提示してもよいのですが、バラバラの活動に時間を使うのはもったいない。そんなわけで、**「三つの蓄積」のうち二つ以上を同時に貯められる、一粒で2度3度おいしいアクション**を厳選してみました（図15）。

アクションの種類を大別すると、「新しい人に出会う」「新しい場に出向く」「新しい機会を

図15　蓄積のための六つのアクション

	即効性がある	じわじわ効いてくる
「新しい人に出会う」アクション	①マッチングサービスを利用する	②発信し続ける
「新しい場に出向く」アクション	③イベントに登壇する／主催する	④コミュニティに参加する／主宰する
「新しい機会を生む」アクション	⑤ギグワークをする	⑥ギブワークをする

生む」の3パターンがあります。また、各パターンのなかで「即効性がある」アクションと「じわじわ効いてくる」アクションの二つに分類しました。

「①マッチングサービスを利用する」「②発信し続ける」「③イベントに登壇する／主催する」はこの第3章で、残りの三つは第4章でご説明します。

蓄積のためのアクション ①マッチングサービスを利用する

マインドセット

異性や恋人候補を探すいわゆる出会い系とは異なり、ビジネスやキャリアにつながる出会いを求めて「**ビジネス系マッチングサービス**」を利用する人が増えています。特にCOVID-19の蔓延以降は、リアルで人と面会する機会が減ってしまったこともあり、**人に会うキッカケとしてニーズが高まっている**ようです。かつてのように、イベントに参加して隣に座った人と意気投合したり、コワーキングスペースで知り合いに人を紹介してもらったり、といったリアルならではの出会いは減ってしまいました。それでなくても仕事を通じて出会える人の幅が狭い働き方（内勤など）をしている人もいるでしょうから、こうした「ビジネス系マッチングサービス」は活用できるようになっておくとよいでしょう。一般的にマッチングサービスは、二者間でお互いが「会いたい」と意思表明した場合に限りメッセージのやり取りができるようになっています。メッセージで日時や場所（オンラインの場合もあり）を決めて、実際に会ったりビデオチャットで会話したりするのです。

男女の出会い系サービスでは、プロフィールに魅力を感じるポイントがあれば「会いたい」と思ってもらえるでしょう。同じように、ビジネス系マッチングサービスでも、わたしたちはプロフィール文で「会いたい」かどうかを判断されることになります。ここで重要なのは、**プロフィール文に何を書くか**です。わたしはyentaというビジネス系マッチングサービスで約500人と会ってきました。プロフィール文を何度も何度も書き直し、その都度反応率をチェックし続けていたところ、次のようなプロフィールがマッチングの確率が高いことがわかってきました。

プロフィール文作成の原則

1．長すぎないこと

サッとスマホを縦スクロールして全体が見えない文量は読んでもらえませんし、実際に会っても長々と自分のことを話しそうな感じがして「会いたい」と思ってもらえません。

2. 冒頭の文章だけで一度完結させる

冒頭を読んで興味を持った人だけがその後の詳細を読んでくれます。冒頭で自分のやっていることや好きなこと、そしてマッチングサービスの利用目的を書いておくのがよいでしょう。

3. 過去よりも現在

プロフィールに過去の経歴をずらずらと並べるよりも、いま何を目指して何をしているのかを伝えましょう。それによって相手は、一緒に仕事やプロジェクトができるかどうかなど、関わり方を判断することができます。

4. 仕事以外のことも書く

本業の仕事以外にも、副業やその他の活動について書いておくと、興味を持ってもらえるポイントが増え、「会いたい」と思ってもらえる可能性が高くなります。また、趣味や家族のことなどを書くのもよいでしょう。

実際に、わたしのｙｅｎｔａのプロフィールを掲載しておきます（図16）。こちらもご参考になさってください。

ご紹介した**プロフィールの原則は、リアルな場での自己紹介でも共通**です。短く簡潔に、あなたがいま何のために何をしているのかを伝えられるようになるためにも、マッチングサービスのプロフィールを少しずつ作り込んでおくとよいでしょう。名刺交換では一般的に所属や肩書きを名乗るのが一般的ですが、それでは次につながるような関係性は生まれません。あなたが「どこに」いるのかよりも、「どこへ」向かっているのかを、自己紹介で話してみましょう。

新しい人に会う理由

ところで、マッチングサービスを利用して新しい人に会うのは何のためでしょうか？　まずは「三つの蓄積」の一つである**「人的ネットワーク」を増やすため**です。マッチングサービスでは特に、普段接点があまりない働き方や生き方をしている人たちに出会えるので、「人的ネットワーク」は大きく広がります。自分が将来やりたいことや現在やっていることを伝えて

図16 yentaに掲載されている筆者のプロフィール

黒田悠介

ディスカッションパートナーとコミュニティデザイナーを生業としているフリーランスの黒田悠介と申します。現在はZoomでいろんな方とお会いしています！

yenta公認の初代エヴァンジェリストなので、マッチングできたら気軽にオンラインで雑談ができれば嬉しいです。

以下に少し自己紹介しておきますので、ご興味持っていただいたらお読みください。

【自己紹介します】
「議論で新結合を生み出す」という活動ビジョンを掲げて、新しい職業とコミュニティを生み出しています。

①「職業」としてはディスカッションパートナーを生業としています。スタートアップから大企業の新規事業まで、主に1on1の議論を通じて立ち上げを支援。

②「コミュニティ」としては議論メシを主宰。「議論メシ」は、議論というフラットでポジティブな対話でつながるユニークなコミュニティ。お互いの意見や価値観を尊重しながら、新しいアイデアやモノの見方を一緒に作り上げる実験場です！議論をとおしてメンバー同士が自然とつながり、様々なコラボレーションも生まれています。
http://www.gironmeshi.net

他に、フリーランスコミュニティ「FreelanceNow」の発起人でもあり、かつては「文系フリーランスって食べていけるの？」というメディアを運営するなど、「フリーランス研究家」として働き方の多様性を高めるための活動もしています。
http://freelancenow.discussionpartners.net

【略歴はこんな感じ】
東京大学文学部心理学→ベンチャー社員×2→起業（売却）→キャリアカウンセラー→フリーランス研究家→ディスカッションパートナー→コミュニティデザイナーという紆余曲折なジャングルジム型のキャリアです。

※公式サイトはこちら→ http://www.discussionpartners.net

共感してもらえれば、また別の人を紹介してもらえる場合もあります。ただし、「人的ネットワーク」は広がるばかりで深まらなければ蓄積としては弱いので、このあとに説明するステップでその深め方にも触れたいと思います。

マッチングサービスを利用する理由はそれだけではありません。**普段接点がない人だからこそ、客観的なコメントをくれることも多く、それが「自己理解」に通じます。**ジョハリの窓という言葉をご存知でしょうか？　心理学者のジョセフ・ルフト氏とハリー・インガム氏によって1955年に考案された概念です。自分自身の特性を以下の「四つの窓」に分類する考え方です。

- **開放の窓〈Open self〉**
  自分も他人も知っている自分
- **盲点の窓〈Behind self〉**
  自分は気づいていないが他人は知っている自分

図17　ジョハリの窓

	自分は知っている	自分は知らない
他人は知っている	開放の窓 Open self 自分も他人も 知っている自分	盲点の窓 Behind self 自分は気づいていないが 他人は知っている自分
他人は知らない	秘密の窓 Hidden self 他人は知らないが 自分は知っている自分	未知の窓 Unknown self 自分も他人も 知らない自分

- **秘密の窓〈Hidden self〉**
  他人は知らないが自分は知っている自分
- **未知の窓〈Unknown self〉**
  自分も他人も知らない自分

開放の窓と秘密の窓は自分自身で把握できていますが、盲点の窓については誰かに指摘してもらうしかありません。マッチングサービスで出会う人からの率直なフィードバックはこの盲点の窓の情報をもたらしてくれます。ちなみに、未知の窓の情報は様々な経験を通じていずれ見えてくるかもしれないし、一生気がつかないこともあるでしょう。ともかくそのようにして、わたしたちは他者との出会いを通じて「自己理解」を深めることもできるのです。

こうした自分にとってのメリットだけでなく、**相手のメリットも考えるとその後の信用につながります**。マッチングサービスで話すのは15分から長くても1時間程度ですが、その短い間に相手のやっていることややりたいことからニーズを発見するつもりで話すのがオススメです。何か手伝えそうなことがあれば提案してみたり、役立ちそうな情報を提供してみたり、よいご縁になりそうな人を紹介してみたり、といったことができれば、その出会いで生まれた関係性は「人的ネットワーク」として維持される可能性が高くなります。

ステップ1 マッチングサービスに登録しよう

まずは、自分のプロフィール写真とプロフィール文を用意しましょう。プロフィール写真がないと不審に思われるかITリテラシーが低いと思われてしまうので、必須です。また、プロフィール文もマッチングサービスに登録するさいに必須なので、事前に用意しておくとスムーズです。先ほどお伝えしたプロフィール文の原則を参照して書いてみてください。また、プロフィール文はライフピボットが起きたときなどに定期的にアップデートするのがよいでしょう。わたしは少し頻度高めに月に1回、自分のプロフィール文を見直してアップデートするようにしています。

次に、用意したプロフィール写真とプロフィール文を使ってマッチングサービスに登録していきましょう。たくさんのマッチングサービスがあるので、参考までに「Hello Tech カオスマップ」をご紹介しておきます（図18）。カオスマップとは、ある領域のサービスや事業者をカテゴリーに分けてマッピングしたものです。このカオスマップは、個人のユーザーがオンライン上で「はじめまして」の個人と出会えるサービスを「Hello Tech」と称して、Spready株式会社がまとめたものです。

ありがたいことにわたしが運営するコミュニティである議論メシも入れていただいているのですが、ここでは説明を省きます。その代わり、このなかでわたしが個人的に活用しているものを三つご紹介しておきましょう。

yenta

まずはyentaです。2016年にリリースされたマッチングアプリです。累計マッチン

図18　「Hello Tech カオスマップ」2020年版

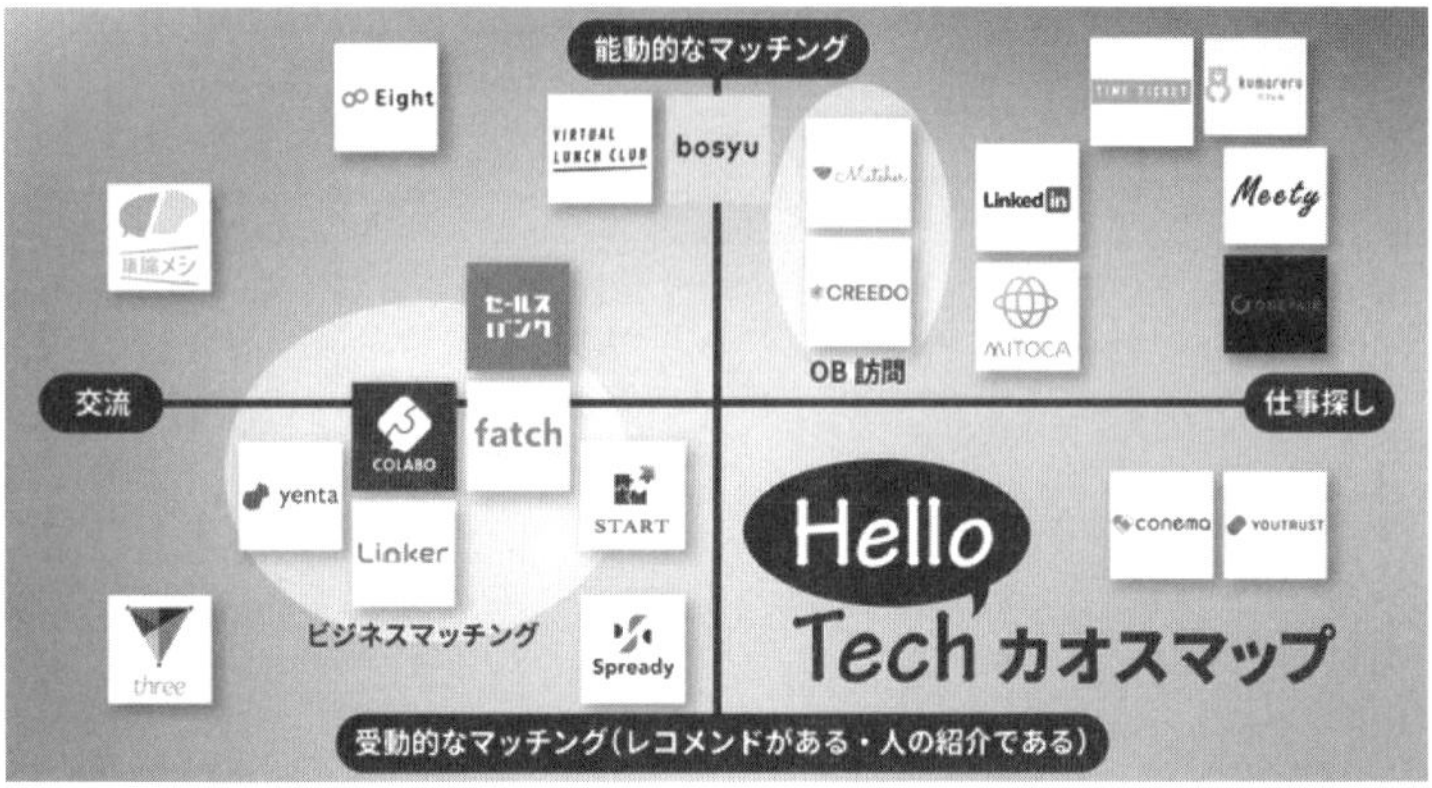

出典：Spready株式会社プレスリリース　2020年8月27日付（https://prtimes.jp/main/html/rd/p/000000014.000040560.html）

グ数は３００万件を超え、多種多様な業界の人と出会えるアプリです。転職や起業、仕事の受注など、**偶然の出会いによって様々な可能性が拓かれています**。毎日ＡＩからオススメされる10人のユーザーのうち、会いたい相手を右にスワイプするだけ。両者が「会いたい」とマッチングしたらメッセージのやり取りができるようになります。審査性なので安心して利用できますし、毎日のスワイプが習慣化されるので無理なく続けることができます。マッチングサービスと言えばまずこれをオススメしています。

bosyu

次にｂｏｓｙｕです。２０１８年にリリースされた、人を募集できるサービスです。「こんな人に会いたいな」という募集ページを誰でもカンタンに作成できます。ＳＮＳに投稿することを前提に作られておりシンプルで使いやすい設計になっています。ランチ相手や雑談相手、ほかにも一緒に勉強する仲間や自分のスキルを提供する相手など、様々な人を募集することができます。このサービスでは、「自分はどんな人に会いたいのか」を事前に決めて募集するので、ｙｅｎｔａに比べて偶然性は低くなるかもしれませんが、逆に**自分が会いたいタイプの人に会える可能性は高くなります**。

バーチャルランチクラブ

最後にご紹介するのはバーチャルランチクラブです。２０２０年にリリースされたばかりのマッチングサービスで、**ランチ感覚でカジュアルに1対1のビデオ通話ができます**。Ｚｏｏｍなどのツールを併用する必要はなく、サービス内の1クリックでビデオ通話が可能です。ＡＩのオススメを待つｙｅｎｔａや応募を待つｂｏｓｙｕとは異なり、たくさんのユーザーのプロフィールを眺めたり検索したりして、自分で能動的に申し込むことでマッチングが生まれる仕組みになっています。そこに心理的なハードルを感じる人もいるかもしれませんが、ポップなデザインとコンセプトのおかげで意外とすんなり申し込めるようになっています。

yenta、bosyu、バーチャルランチクラブとわたしが活用しているサービスをご紹介しました。これら以外にも様々なマッチングサービスがあるので、自分に合ったものを見つけてください。

ステップ2　マッチングした人と会ってみよう

サービスを利用してマッチングしたら、メッセージのやり取りをしてリアルやオンラインで会いましょう。初対面の人と話すのが得意ではない人もいるかもしれないので、**マッチングサービスでの雑談のコツ**をお伝えしておきます。まずは、「共通の話題」を振るのがいいでしょう。天気や気温の話でもいいですし、COVID-19やリモートワークなどについてでもいいでしょう。また、「最近どうですか?」と訊いてみるのも効果的です。これくらいざっくりした質問だと、相手が話しやすい話題から話し始めてくれるため、気兼ねなく質問を重ねていくことができます。まずはこうして**相手に質問をしていくことがポイント**です。自分が相手に興味を持っていることを示しておくと、相手もこちらに関心を持って質問してくれるようになるのです。

このように、雑談は質問とそれへの回答で成り立っています。逆に言うと質問がないと雑談が止まってしまう。「よいお天気ですね」「そうですね」という雑談がいまにも止まってしまいそうに見えるのは、そこに質問がないからです。これをたとえば「よいお天気ですね。最近どこかに出かけましたか？」「最近は家の周りを散歩するくらいですね」「仕事の合間のリフレッシュに散歩する感じですか？」「いえ、夜にウォーキングしているんです」「ウォーキングされているんですね。この時期でも夜の気温なら歩きやすそうです。わたしは逆に運動不足でして……」という感じで質問を重ねていけば、自然と話題が続いていきます。雑談の序盤では実際に話されている内容以上に、**お互いに質問し合える関係性作りが重要**です。

緊張がほぐれてきたら、自己紹介をしましょう。マッチングサービスでの雑談に不慣れなうちは「じゃあ自己紹介しましょう」という感じで順番に自己紹介してもいいかもしれませんが、少し硬い感じがします。オススメなのは、「最近はどんなことに時間やアタマを使うことが多いですか？」という質問です。これならいきなりその人のメインの活動や興味関心について訊くことができます。細かい経歴が気になる場合には相手のプロフィール文を事前に読んでおけば事足ります。また、相手の話のなかで、自分との共通点を見つけたら、そのことを伝えましょう。同じ地域の出身だったり、同じような経験があったり、同じものを好きだったりしたら、それだけで関係性が深まったように感じられ、その後の雑談も盛り上がります。

面会の最後にしておきたいこと

楽しく雑談していると面会時間があっという間に終わってしまいます。面会の最後にしておきたいことが二つあります。一つめは、雑談から得た情報をもとに**今後のコラボレーションの可能性がありそうなら、それを伝える**こと。副業などにつながる可能性があります。自分が提供できるものを提案したり、相手に期待することを伝えてもいいでしょう。わたしの場合は、「もし議論したいテーマが出てきたらいつでもご相談ください。また、そういったニーズがあるお知り合いがいたらおつなぎいただいても構いませんので」と伝えることがあります。すると、ディスカッションパートナーとしての仕事につながることがあるのです。面会の最後にすることの二つめは、**相手が自分をどのような人物だと感じたのか、ヒアリングすること**です。まずは自分から、感謝とともに相手について感じたことを伝えます。すると相手も同じように返してくれるでしょう。こうした他者からのフィードバックが「自己理解」につながります。

ステップ3　習慣化してみよう

マッチングサービスでは、たくさんの人に会ってみるのがオススメです。どのつながりがいつ「人的ネットワーク」として意味を持つかは事前にはわかりません。習慣化することで無理なくマッチングサービスを活用し続けることができます。そのためにはまず、人に会うための時間を確保する必要があります。ライフピボットを阻害する「三つの欠如」の「③時間がない」の項目でお伝えしたように、人に会うための時間を重視するなら、事前にカレンダーで押さえておきましょう。また、マッチングサービスを定期的に活用するためにチェックする時間をカレンダーに入れておくのもいいかもしれません。**新しい人に会うことが習慣化すると、自然と「三つの蓄積」が貯まりやすくなります**。

また、マッチングサービスを利用して人と会ったあとに、事後連絡することを習慣化するのも重要です。まずは感謝を伝え、相手にとって参考になりそうな情報やいいご縁になりそうな人を紹介したりします。また、もしあなたが飲み会やイベントを主催することがあれば、そこに招待するのも喜ばれるかもしれません。そのようにして、**1回きりの出会いを次につなげて**

いくことも、マッチングサービスの利用のポイントです。もし余裕があれば、会った人をリスト化しておいて、必要になったときに探して連絡ができるようにしておくとよいでしょう。

図19　蓄積のための六つのアクション①　まとめ

①マッチングサービスを利用する

	即効性がある	じわじわ効いてくる
「新しい人に出会う」アクション	①マッチングサービスを利用する	②発信し続ける
「新しい場に出向く」アクション	③イベントに登壇する／主催する	④コミュニティに参加する／主宰する
「新しい機会を生む」アクション	⑤ギグワークをする	⑥ギブワークをする

マインドセット

- 「人的ネットワーク」を増やすために有効
- 盲点の窓から「自己理解」を深められる

ステップ1　登録する

- プロフィール文をきちんと書く
- プロフィール写真を必ず用意する
- 自分に合ったサービスを利用する

例）yenta、bosyu、バーチャルランチクラブ

ステップ2　人と会う

- 共通の話題を振る、質問をする
- 最後はお互いにフィードバックし合う

ステップ3　習慣化する

- カレンダーに入れておく
- 事後連絡をする
- 会った人をリスト化して、必要なときに連絡できるようにしておく

蓄積のためのアクション
②発信し続ける

マインドセット

最近では個人が様々なカタチで発信できるようになりました。テキスト、写真、動画、音声など、そのバリエーションも様々です。しかし、なぜ発信が必要なのでしょうか？　なにもインフルエンサーになろう、というわけではありません。目立つことで「人的ネットワーク」が広げやすくなるかもしれませんが、それだけのことです。わたしたちは、大人数からフォローされるインフルエンサーになるためではなく、少人数でもいいから**信用もしくは信頼してくれる人を増やすために発信する**のです。

第2章の「人的ネットワーク」の説明で述べたように、信用は価値提供によって貯まっていき、信頼は共感によって築かれます。そのため、情報発信は大きく二つの方針があります。一つは、価値のある情報を発信することで信用してもらう、つまりは「役に立つ」ことです。もう一つは自分の想いや価値観、やりたいことなどを一貫して発信することで共感されて信頼されるために「繰り返す」ことです。

発信で「役に立つ」

発信で「役に立つ」とはどういうことでしょうか？ それはたとえば、**インターネット上にない情報を発信する**ことです。たとえば、読んだ本の要約はすでにたくさんの人が記事や動画のカタチで発信していますが、それはある1冊についての要約に過ぎません。そこで「企画職が読むべき本10冊からわかったこと」といったテーマで複数の本の要約をすれば、それはまだインターネット上にない情報になるでしょう。こうした新しい切り口での情報の整理と発信は有効です。また、実際にイベントやカンファレンスに参加したリアルなレポートも、インターネット上には乏しい情報なので、参加できなかった人や振り返りたい人にとって役に立つ情報になります。ほかにも、**海外では話題で日本ではまだあまり知られていないモノやコトを日本語で発信する**ことも役に立ちます。わたしの場合は、海外のサービスを自分で使ってみて、その使用感を発信することがあります。インターネットを検索して見つけた情報を横流しで発信するだけでは、役に立つことは難しいでしょう。

発信を「繰り返す」

一方で発信を「繰り返す」とはどういうことでしょうか？　それは、同じ言葉を単調に繰り返すということではありません。いろいろな言葉や表現を使ってはいるけど、**その根本に一貫する想いや価値観が感じられる発信をする**ということです。日々のニュースにコメントしたり、身の回りの出来事に感じたことを書いたりするときにも、通底するものを織り交ぜることができるはずです。たとえば、セールスの副業をしたい人がいたとしたら、その副業したい想いを感じさせる文章を発信しましょう。日々目にする商品に「自分ならこの商品をこんな風に売ると思う」のように解説する発信を続けることで、「この人はセールスについて深く考えている人なんだな。面白い」と共感してもらえるかもしれません。あるいは、デザイナーなら自分が普段使うアプリについて「自分ならこうやってデザインすると思う」というデザイン案を制作して発信を繰り返すこともできるでしょう。これは決して「役に立つ」発信ではないかもしれませんが、**一貫性があることで共感されやすく、また覚えてもらいやすくもなります**。わたしの場合は、日々感じたことをコミュニティになぞらえて発信することで「コミュニティについて深く考えているんだな」と共感されたり覚えてもらったりしています。

発信のコツ

「役に立つ」ばかりではネタが尽きやすいですし、逆に「繰り返す」ばかりでは主張が強すぎるかもしれません。なので、**二つのタイプの発信をバランスよく混ぜる**のがいいでしょう。発信のさいは、所属する会社の方針でどうしても難しい場合を除いて、**できれば顔を出し、実名で発信するほうがいい**でしょう。匿名では、発信による信用や信頼があなた自身に紐づかないため、「人的ネットワーク」としてはあまり機能しません。また、実名であることで自分の背景が発信に加わり厚みがでて、より一層共感してもらいやすくなります。

発信は継続することが重要です。継続することで、どうしたら発信を通じて役に立ったり共感を呼んだりできるのか、少しずつ学び改善することができます。発信のタイミングや文字数、言い回しなどの表現方法、いろいろと実験しながらチューニングし、より的確な発信の仕方を探りましょう。また、継続することで信用や信頼が蓄積し、それが「人的ネットワーク」

として意味を持つようになります。いざライフピボットのタイミングが来たときに「副業を探しています」「独立を検討しています」のような発信をすれば、それまでの信用や信頼のおかげで、副業に関する情報や独立後の仕事などが舞い込んでくるでしょう。

また、**継続によって偶然が舞い込みやすくなる**のもポイントです。たとえば、何気ない発信がたまたまインフルエンサーの目について拡散されて、突然たくさんのフォロワーがつくことがあります。また、たまたま自分の発信に興味を持った人から思いがけない機会が提示されることもあります。わたしの場合、海外のスタートアップのサービスを使ったレポート記事を発信したところ、そのスタートアップの社長の目に止まりました。その後、直接連絡をもらって仕事になったのです。1回の発信と100回の発信を比べれば、後者のほうがこういった偶然が起きやすいことは明らかです。第1章でご紹介した計画的偶然性理論の五つの行動特性にも「持続性」が含まれていたことが思い出されます。先ほどのマッチングサービスが1回1回の出会いを大事にするアクションが必要だったのに対して、発信においては継続して数をこなすことが重要になる点で対照的だと言えます。

このように発信の継続は重要ですが、どうしても書けないときがあるのも事実です。そんなときは、「**たった一人のために発信する**」のがオススメです。インフルエンサーはもっと多くの人に向けた発信をするものですが、そうでない人は誰か一人のために発信するのでもいいのです。知り合いが何かに悩んでいたら、それについて役立つ情報をまとめて発信してみる。それによって少なくとも当の本人からの信用が得られるでしょう。それに、一人の悩みは実は多くの人の悩みでもある場合が多いものですから、結果的に多くの人の役に立つ発信でもある可能性が高いのです。発信するコンテンツが思いつかないときは誰か一人のことを思い浮かべて書く、というのを覚えておいてください。

旗を立てる

ここまでご説明した「役に立つ」「繰り返す」に加えて、ときおり「旗を立てる」ことも重要です。旗とはつまり、**そこに人が集まるような想いや意志の表れ**です。会社で言えばビジョンです。だからといって、社会的な意義があったり、大きな野望の達成を目指したりするような、立派な旗である必要はありません。こんなことがしたい、という小さな表明でも十分です。そんな旗をそっと立てておき、誰かが見てくれるのを待つ。もしくは、「こんな旗を立てたけどどうかな」と誰かに伝えてみる。そういう風にすると、**旗に共感する人が少しずつ周りに集まり、「人的ネットワーク」が広がっていきます**。また、立てた旗を自分で冷静に見てみると、それが本当に自分らしいものかどうか、やりたいことに沿っているかなどを考えるキッカケになり、「自己理解」が進むこともあります。旗の役割を果たすのは渾身《こんしん》のブログ記事かもしれないし、クラウドファンディングのページかもしれないし、ふとしたつぶやきかもしれません。

発信の頻度としては「役に立つ」＞「繰り返す」＞「旗を立てる」という順がちょうどいいでしょう。

こうした発信に慣れておくとそれ自体が「スキルセット」として機能します。自分のことを発信するだけではなく、関わっているプロジェクトや企業のことを発信できるようになるからです。もはや最近では発信はあらゆる場面で欠かせない「スキルセット」になってきているので、ライフピボットにおいてもかなり使い勝手のよいカードになるでしょう。

ステップ1　発信するテーマや発信する場所を決める

「役に立つ」「繰り返す」「旗を立てる」と三つに分類して説明しましたが、実際に発信するのは共通のアカウントです。それぞれの分類で全く違うテーマだと、アカウントの一貫性がなくなりせっかくの発信が伝わりにくくなります。できれば**一貫したテーマ**があるとよいでしょう。テーマは自分が仕事にしていることでもいいですし、興味関心があるモノやコトでも構いません。無理なく続くテーマを選びましょう。

発信テーマ

わたしの場合は、2015年にフリーランスとして独立した直後に「フリーランス」をテーマに発信しようと思い、「文系フリーランスって食べていけるの?」というブログを立ち上げました。2018年からほとんど更新していませんが、未だにアクセスしてくれる人がいます。内容としては、フリーランス向けに案件獲得の方法や活用すべきツールなどを、企業向けにはフリーランスと仕事をするときのコツなどを、それぞれ役立つように記事にしていました。どんな記事を書くときも、フリーランスの活躍の場を増やし、働き方の多様性を高めることを念頭に置いていました。そのことを手を変え品を変えて繰り返し伝えたり、時にそのためのコミュニティの立ち上げを告知するなどの旗を立てたりしてきました。

このブログのおかげで信用や信頼が蓄積され「人的ネットワーク」に恵まれたおかげで、フリーランスとしての活動は順調になりました。さらに、そのつながりからライフピボットに通じる機会も得ることができたのです。最初は全く反響がありませんでしたが、徐々に信用や信頼が貯まり、フォロワーが増えたりシェアされたりするようになったのは、継続の賜物だったと思います。

発信場所

ちなみに発信するサービスの選び方は、**いま自分が使っていたり、周りの人が使っているSNSなどでよい**と思います。無理に新しいサービスを利用する必要はありません。わたしたちの目的はインフルエンサーになることではないので、新しいサービスで先行者利益を取って目立とうとしたりする必要はないのです。ただ、念のため代表的なサービスの特徴を整理しておきましょう。まず、Facebookは拡散されることは少ないので、既存のつながりを維持したり強化したりするのに向いています。Twitterは拡散しやすい設計になっているので、新しいつながりが生まれたり、偶然が起こりやすいサービスです。バズるのはTwitterであることが多いですね。また、Instagramはハッシュタグを活用することで、共通の関心を持ったユーザーがつながりやすいサービスです。ほかにもTikTokなどの動画でつながるサービスもありますが、信用や信頼を貯める発信の目的にはあまり沿わないのでここでは割愛します。

ステップ2 発信を習慣化する

発信は継続が重要。そのためには習慣化するのがポイントです。習慣化さえしてしまえば、あとは自動的に努力や意志の力なんていう頼りないものとは関係なく継続できるようになります。そのために、初期の段階で少し手間をかけてでも習慣化してしまいましょう。

リズムを作る

習慣化にはまずリズムが必要です。**発信する時間帯や曜日を決めてしまいましょう**。たとえば「毎日午前中に発信する」というルールにするのです。毎日発信するのが難しい場合は、週1、2回くらいから無理なく続けていくのでも構いません。また、1回の発信に時間をかけすぎないように、タイマーで時間を測っておくのもよいでしょう。毎回計測しておくと、かかる時間が事前に予想しやすくなります。

この発信にかかる予想タイムには、実は重要な活用法があります。たとえば20分くらいでブログを1本書けそうだ、と思ったら、あえて16分で頑張ってみる、といったことをするのです。難易度を上げることで集中力が高まり、達成感も得られます。そういった難易度の調整で得られる高いパフォーマンスが出せる状態のことを「フロー」と呼びます。これは心理学者のミハイ・チクセントミハイ氏が提唱しているもので、スポーツでは「ゾーン」と呼ばれたり、日本語では「忘我状態」と訳されたりすることもあります。フローの状態では、目の前のことに没頭して純粋に楽しめるようになります。この**フローを取り入れることで、発信を「やらなきゃいけないこと」から、それ自体が楽しい「やりたいこと」に格上げすることができます。**

しかし、難易度を上げすぎては不安になったりしてうまくゾーンに入れません。コツは「全力を出せば達成できそう」な難易度に設定することです。個人的には、文章ではいつもの8割の時間で書く、という感じだとフローに入りやすいです。

スイッチを入れる

また、**発信するまでの流れを儀式化し、他の行為とセットにしておく**ことも、習慣化にオススメです。食事をしたら歯を磨くように、コーヒーを飲んだら発信する。そういった行為を一連のセットで行うことで、自然とスイッチが入るようになります。この文章も、部屋の明かりを消して焚き火の映像をテレビで流しながら書いています。明かりを消し、焚き火の映像を流し、文章を書く、という一連の流れを繰り返しているうちに、無理なく執筆のスイッチが入れられるようになっていました。

ストックしておく

「リズム」「スイッチ」に続いて、「ストック」も重要です。いつか発信しようと思ったことは、**必ずメモを残してストックしておいて、そのなかから選んで発信できるようになる**とスムーズに発信できるようになります。毎日いろいろなことを経験するはずなので、そのなかで「これは発信したらよさそうだ」と思うものがあれば忘れる前にメモしておきましょう。しかし、ストックが切れてしまい、その場で考えても何も発信することが思い浮かばないこともあるでしょう。そんなときには、自分ひとりで書くことを諦めて、誰かと話したり、何かを経験しに行ったりして、発信したいことを見つけてストックしましょう。

振り返りをする

また、**発信をしたあとの振り返りも習慣化**しておきたいものです。発信に対する反応（Facebookならコメントやシェア、Twitterならいいねやリツイート）をチェックして、その後の発信に活かすのです。反応が多かったり好意的だったりした発信と、そうでなかった発信の差を分析しましょう。「役に立つ」ことで価値を提供し信用を貯めるための発信なら、もっと価値を感じてもらえるように、「繰り返す」ことで共感され、信頼を貯めるための発信なら、もっと共感してもらえるように、チューニングしていくのです。

図20　蓄積のための六つのアクション②　まとめ

②発信し続ける

	即効性がある	じわじわ効いてくる
「新しい人に出会う」アクション	①マッチングサービスを利用する	②発信し続ける
「新しい場に出向く」アクション	③イベントに登壇する／主催する	④コミュニティに参加する／主宰する
「新しい機会を生む」アクション	⑤ギグワークをする	⑥ギブワークをする

マインドセット

- 信用、もしくは信頼してくれる人を増やす
- 「役に立つ」発信で信用してもらう
- 「繰り返す」発信で信頼してもらう
- 「旗を立てる」発信で想いや意志を表明する
- 「役に立つ」「繰り返す」をバランスよく使い、時に「旗を立てる」

ステップ1　テーマや場所を決める

- 共通のアカウントを利用する
- 三つの発信を行うための「一貫したテーマ」を決める

例）フリーランス、働き方

- 発信場所を決める

ステップ2　習慣化する

- リズムを作る

例）時間帯や曜日を決める、期限を決めて取り組む

- スイッチを入れる

例）コーヒーを飲んだら発信する

- ストックする

例）アイデアをメモする、経験や会話から発見したことをメモする

- 振り返りをする

蓄積のためのアクション
③イベントに登壇する／主催する

マインドセット

実はイベントにただ参加しても、得られるものは多くありません。著名人がゲストで来ても話すのは著書に書いてあることばかりだし、新しい人との出会いもたまたま隣に座った人と少し会話して名刺交換する程度。そんな徒労感だけのイベントに参加したことがある人も多いはずです。もちろん、そこでしか聞けない話を引き出したり、参加者がもっとつながれるような場作りができるファシリテーターもいますが、そういった人はあまり多くありません。イベントで自らいろんな人に話しかけていける人もいますが、そういう社交的な人ばかりでもないものです。そのため、イベントに漫然と参加することは「三つの蓄積」のためのアクションとしては有力ではありません。

だとしたら、わたしたちはイベントをどのように活用すればいいのでしょうか？　わたしは、**イベントは聴衆として参加するものではなく「登壇する」もしくは「主催する」もの**だと考えています。

ちょっと待ってくれ、という声が聞こえてきそうです。「自分には登壇したり主催するのは難しい」とお思いでしょうか。しかし、実はそんなことはないのです。会社員でも経営者でもフリーランスでも学生でも、この後のステップでお伝えするように、その人なりのやり方でイベントに登壇したり主催したりすることができるのです。そしてそれは、「三つの蓄積」を貯めるアクションとして効果的なものとなります。

登壇することのメリット

アクションのステップの説明はあと回しにして、具体的にどんなメリットがあるのかについて考えてみましょう。まずイベントに登壇することについて。登壇するということは、**参加者に対して自分の考えや経験をじっくり話せる**ということです。登壇は、いろいろな場面で使えるプレゼンテーションの「スキルセット」を貯める経験にもなるでしょう。また、登壇という特別な場で伝える内容を準備するさいに、自分自身について考え、言語化や表現をすることになるので、「自己理解」に効果があります。さらに、イベント登壇で自分のことを知ってくれた参加者と名刺交換をしたりSNSアカウントでつながったりすることで、「人的ネットワーク」の元となるつながりが生まれます。重要なのは、「元となる」と言ったのは、それはまだ信用や信頼が生まれる前の段階だからです。「①マッチングサービスを利用する」で伝えたように、実際にリアルでもオンラインでもいいので1対1で会ってみたり、会うまではいかなくとも事後連絡をしたりすること。それによって名刺交換やSNSでのつながりを「人的ネットワーク」へと育てていくことができるのです。

イベントに登壇することはまた、**別のイベントに登壇するキッカケにもつながります**。別のイベントを主催している人がその場にたまたま参加していたり、参加したことについての発信をたまたま見たりすることで、声がかかることがあるのです。こうして、イベントへの登壇がまた別のイベントでの登壇のキッカケとなり、継続的にイベントに登壇することができるようになっていきます。実際は「初めてイベントに登壇する」ことに対するハードルが高いので、その具体的な方法も後のステップで詳細をお伝えしたいと思います。

主催することのメリット

次に、イベントを主催することのメリットについて考えてみましょう。主催することのメリットは、登壇することのメリットでお伝えしたことのほかに「**自分の会いたい人を登壇者として呼べる**」が加わります。たとえば、直接の面会が難しい著名人も、イベントを企画することで登壇者として声をかけることができるようになります。仮に登壇料がかかる場合でも参加者から集める参加費でまかなうことができますし、出版した本の告知をしたいなどの理由で多くの人の前で話す機会を欲している著名人は多いものです。意外とすんなりOKしてもらえるかもしれません。また、イベントを主催することで、**人が集まる場を作る「スキルセット」が身につきます**。イベントのコンセプトを決め、登壇者を集め、告知し、当日の参加者の満足度を考えた運用をする。こうした複雑な「スキルセット」はあらゆるカードと組み合わせることができるので、ライフピボットにおいてかなり使い勝手のよいカードになるでしょう。

また、イベントの登壇や主催には、**学びが深まる**というメリットもあります。ここで学習モデルのラーニングピラミッドを引用してご説明します。ラーニングピラミッドとは学習モデル

図21　ラーニングピラミッド

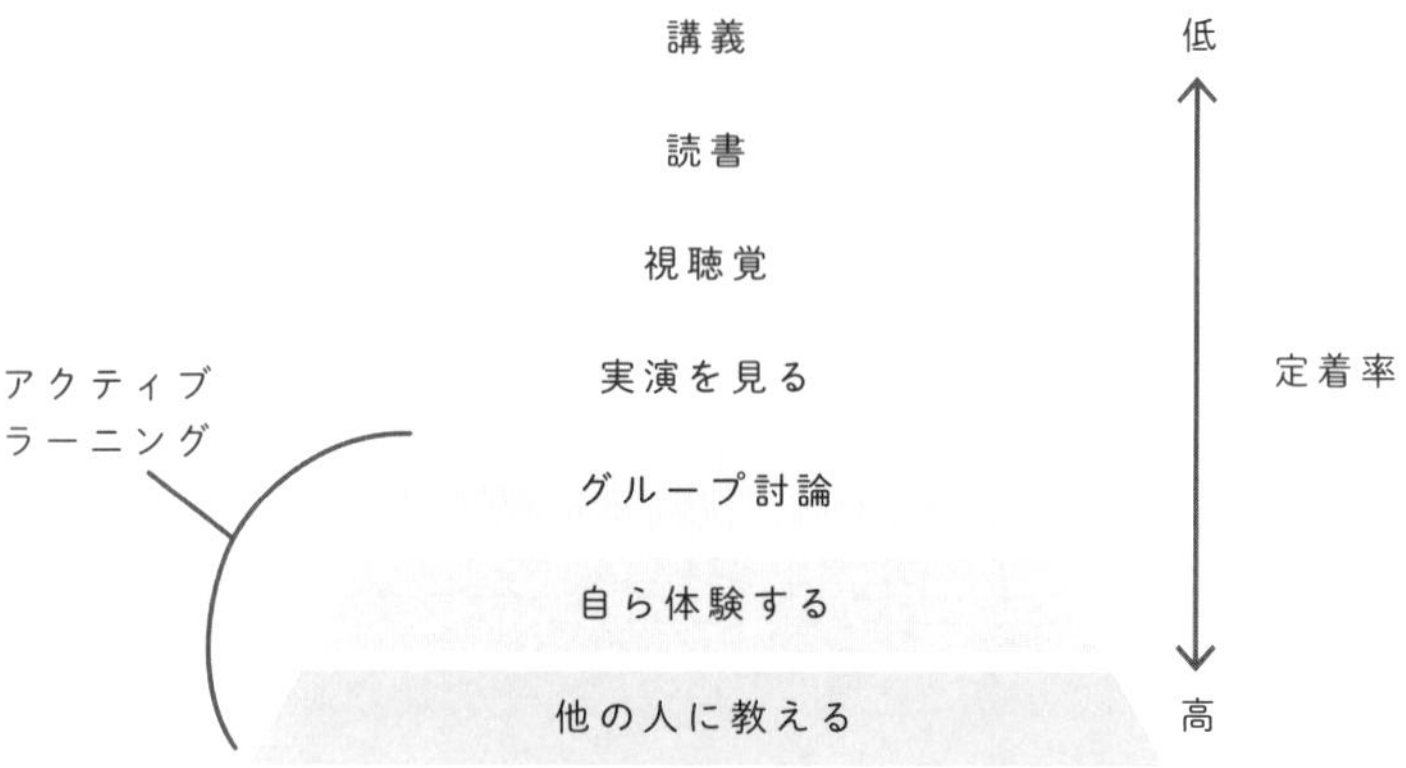

出典：National Training Laboratories "The Learning Pyramid"

の一つで、様々な学習スタイルの結果として身につく度合い（定着率）を表すピラミッド型の図です。科学的な根拠は少し薄いのですが、実際によく引用される便利な図であるため、ここでも引用します（図21）。

ラーニングピラミッドによれば、わたしたちは一方的で受動的な学習（講義・読書・視聴覚・実演を見る）よりも、双方向の積極的な学習（グループ討論・自ら体験する・他の人に教える）のほうが定着率が高いそうです。最近では後者のような学習はアクティブラーニングと呼ばれていますね。イベントに参加することは定着率の低い「講義」「視聴覚」にあたる場合が多いでしょう。しかし、**イベントに登壇したり主催したり**

することは「他の人に教える」にあたり、定着率の高い学習法だと言えます。だとしたら、身につけたい「スキルセット」があるときには、それにまつわるイベントを企画して人に教える機会を作るのが一番なのかもしれません。

ステップ1 イベント主催者とつながる

まだイベントに登壇した経験のない人が、どうしたらイベントに登壇できるのかを考えてみましょう。イベントに登壇するには、主催者とつながっている必要があります。知り合いにもしイベント主催者がいれば、声をかけてみるのがいいでしょう。しかし、そんな「人的ネットワーク」はない、という人も多いはず。わたしも独立直後はそうでした。そこで、わたしがイベントに初めて登壇するまでに取った行動を順にご紹介します。

まずは、自分のテーマを決めることです。「②発信し続ける」でもテーマを決めることが重要でしたが、登壇するためにもテーマを決めておいて「◯◯について話せる人」という自己紹介ができるようにしておきましょう。**テーマを決めたら、そのテーマにまつわるイベントを探します**。FacebookやPeatixなどでイベントを検索するのがいいでしょう。わたしがフリーランスをテーマに活動していたときは「フリーランス」「独立」「個人事業主」といったキーワードで検索してイベントを探していました。キーワードを変えながら検索すると、見つかる可能性が高くなります。もし希望のテーマにまつわるイベントがなければ、その周辺のテーマのイベントでもいいでしょう。ちなみに、イベントは過去に開催されたものでも構いません。これから開催されるものでも過去に開催されたものでも、ともかく自分のテーマに近いものならOKです。

自分のテーマに近いイベントを見つけたら、イベントページに記載されている**主催者の情報を探します**。主催者のSNSアカウントやメールアドレスなどの連絡先があれば、そこに連絡してみましょう。過去に開催されたイベントの主催者なら『今後同じテーマでイベントを開催することがあれば、登壇させてほしい」と伝えます。また、これから開催されるイベントの主催者なら「このイベントに登壇させてほしい」と伝えます。後者の場合はすでに登壇者の枠が埋まっていることも多いですが、次回以降のイベントで呼んでもらえる可能性があります。イベント主催者は登壇者探しに困ることもあるので、登壇したいと名乗り出てくれる人を無下にはしません。こうしてイベント主催者とつながることで、登壇のチャンスが得られるようになります。実際にどんなイベントなのか、イベント当日に参加して体感してみると、自分が登壇するイメージが湧きやすくなるでしょう。

ただし、登壇者として認めてもらうには「テーマについて豊富に、深く話せる」ということを主催者に納得してもらう必要があります。そのためには、事前に自分のテーマに沿った発信をしておくことが重要なポイントになります。主催者はその発信をチェックして、イベントのテーマとマッチするかを判断することができるのです。**「②発信し続ける」の実践が、登壇の機会にもつながる**のです。

ステップ2　イベントに登壇する

イベントへの登壇が決まったら、登壇のさいに話すことを考えておきます。一定時間ひとりで参加者に向けて話すことになる**プレゼンテーション型**の場と、複数人で話す**トーク型**の場がありますが、どちらの場合も準備しておくとよいでしょう。慣れてくればどちらもアドリブで話せますし、そのほうが参加者と双方向なやり取りもしやすくなるのですが、最初は準備が必須です。わたしも最初のころは話すことを一字一句台本にしていました。その台本を何回も読み通して、自然に話せるようにしていたのです。

プレゼンのコツ

では、実際にどんなことを話せばよいでしょうか？　フリートークはアドリブがメインなので、準備がしやすいプレゼンテーションの場に登壇することを前提にして話を進めます。話す内容はイベントのテーマに沿っていることが一番ですが、そもそも自分のテーマに沿ったイベントの主催者につながった結果の登壇です。だとしたら、そこでも自分のテーマを話せばよいのです。しかし、人前で話すことに慣れていないと、どんな話をしたらいいか、展開の仕方に迷うこともあるかもしれません。そこでオススメの方法をご紹介します。それは、**誰かと会話するような文章をまず書いてみる**ことです。その会話の内容はそのままプレゼンテーション資料に使えます。

たとえば、わたしがディスカッションパートナーという経営者の壁打ち（答えが出なくてもよいので話を聞いてもらうこと）相手の仕事についてプレゼンテーションをするとします。わたしはこんな会話をイメージしながら、話す中身を考えます。以下、Aがわたしで、Bが架空の会話相手です。

A「黒田です。ディスカッションパートナーをしています」
B「ディスカッションパートナーってどんな仕事なんですか？」
A「経営者と議論して、新規事業の立ち上げなどを支援する仕事です」
B「議論するだけでお金がもらえるんですか？」
A「はい。月に数回議論して、その時間分だけ課金しています」
B「具体的にどんなことをしているんですか？」
A「相手の話を聞きながら、盲点になっているポイントを指摘したり、思考が凝り固まっているポイントをほぐしていきます」
B「なんだか抽象的で、案件を獲得するのが難しそうですね。どうですか？」
A「そうなんです。だからこそ、実際に一度体験してもらって価値を感じてもらったり、体験した人がクチコミを広めてくれることで、案件につながっています」

こんな感じで、対話形式ならスラスラとプレゼンテーションする内容が整理されていきます。もし会話をイメージするのも難しければ、実際に誰かと会話してそれを録音し、その会話をもとにして資料を作成するのもいいでしょう。こうすることで、疑問を解消しながら進めていくことができてスッとアタマに入る内容になりますし、イベント参加者に話しかけるようなプレゼンテーションが参加者との距離を縮めてくれます。それによって登壇後にたくさんの参加者とつながることもできるでしょう。

ステップ3　イベントの運営に携わる・主催する

イベントに登壇するだけでなく、もう一歩踏み込んで運営に携わることもできます。イベントにはざっくりと「企画」「集客」「当日運営」の三段階があります。イベントの企画に携われば人が集まるような企画を生み出す経験ができ、企画の「スキルセット」が磨かれるでしょう。また、集客に携われば人を集める発信やコミュニケーションを経験でき、マーケティングや広報の「スキルセット」が磨かれます。そして、当日運営にかかれば場の全体を俯瞰して必要な介入をする経験ができ、大局観やファシリテーションの「スキルセット」が磨かれるのです。それに加えて、同じイベントを運営している人たちとの共同作業を通じて信頼関係を深めることができるので「人的ネットワーク」も広がります。

運営に携わるだけでなく、さらにもう一歩踏み込んで自分でもイベントを開催してみたければ、**共同主催がオススメ**です。経験の豊富なイベント主催者やイベント運営で知り合った人を誘って、自分がやりたいイベントをやってみましょう。**「企画」「集客」「当日運営」のうち、自分が苦手な部分を補ってもらえば、誰でもイベントを開催することができます**。そうして、自ら旗を立てて人が集まる場を作る「スキルセット」も身につきます。もちろん、イベントの主催者は参加者と最もつながりやすい立ち位置ですから、それを活かしてたくさんの参加者との「人的ネットワーク」が生まれることでしょう。そのうち、今度は自分が「あなたのイベントに登壇させてほしい」と言われるようになる番が来るかもしれません。

この章から始まるコラムページでは、ライフピボットの実践者を紹介していきます。真似できないように思えるキャリアも、ライフピボットの「三つの蓄積」を貯めるアクションを分析することで、参考になるはずです。

図22　蓄積のための六つのアクション③　まとめ

③イベントに登壇する／主催する

	即効性がある	じわじわ効いてくる
「新しい人に出会う」アクション	①マッチングサービスを利用する	②発信し続ける
「新しい場に出向く」アクション	③イベントに登壇する／主催する	④コミュニティに参加する／主宰する
「新しい機会を生む」アクション	⑤ギグワークをする	⑥ギブワークをする

マインドセット

- ただ参加するのではなく、主体的に関わることで三つの蓄積を貯めやすい
- 他の人に教える経験により、学びが深まる
- 自分が会いたい人を呼びやすい

ステップ1　主催者とつながる

- 「②発信し続ける」と同様に、自分が話せるテーマを決める
- テーマに沿って検索する

例）Facebook、Peatix

ステップ2　登壇する

- イベントはプレゼンテーション型とトーク型に大別できる
- いずれの場合も誰かと会話するつもりで文章をまとめると、資料を作りやすい

ステップ3　運営に携わる・主催する

- 「企画」「集客」「当日運営」の三段階で、自分が関われる部分を探す
- 苦手な部分を補い合って共同主催する

コラム

人のご縁でライフピボットを繰り返す軽やかな生き方

押切加奈子さんは、大学では演劇を学んでいたそうです。しかし、演劇で食べていける人は少ないのではないかと、進路に迷うことに。自己分析をするものの、結局自分が何をしたいかわからない。結果として知人の紹介なども断るカタチで、手に職をつけるために専門学校へ通い、日商簿記検定2級を取得しました。

その後、就職してからは20代のあいだに四つの会社を渡り歩き、バックオフィス業務全般を幅広く経験します。この時期は経理の「スキルセット」をベースに転職をしていました。また、転職のキッカケも身近な「人的ネットワーク」からの誘いが多く、このころから人のご縁に恵まれています。お金や数字には強く、細かい作業も苦にならないことから適性はあったのですが、長くバックオフィス業務を続けた反動もあり、20代の終わりごろには「自分の名前を出して仕事をしたい」と思うようになります。

そんな折に、大学時代の友人（「人的ネットワーク」にあたりま

ライフピボットの実践者

押《おし》切《きり》加《か》奈《な》子《こ》

Peatix Japan コミュニティマネージャー。BOOK LAB TOKYO 元店長。中学時代、視聴覚行事で観たミュージカルに魅了され、人をワクワクさせる空間作りに惹かれながらも就職先に迷う。専門学校に通った後、バックオフィス業務に従事。30歳目前にして、好きなことを仕事にしたいと一念発起。BOOK LAB TOKYOでは店長とコミュニティマネージャーを兼任し、年間300本ほどのイベント運営や企画に携わる。より多くのコミュニティや主催者に触れるべく、Peatixへ転職。

す）がシェアしたある投稿を見つけたことで押切さんの人生は大きく変わります。それは「BOOK LAB TOKYO」という、渋谷にある本屋兼イベントスペースのコミュニティマネージャー募集の投稿でした。すぐに応募し、面接を受け、熱意が認められて即採用。それまで名前も知らなかったコミュニティマネージャーへのライフピボットが決まりました。

BOOK LAB TOKYOは、書店、カフェ、イベントスペースが一体となった渋谷道玄坂にある素敵な空間でした。残念ながら2020年9月で閉店し移転してしまいましたが、当時は朝や夜に頻繁にイベントが開催されており、人がつながる場が生まれていました。押切さんがコミュニティマネージャーとして具体的にどんなことをしていたのか聞いてみました。イベント開催の問い合わせがあるとその人に店まで来てもらい、実際に空間を見ながら一緒に企画を考える。それが直接イベント開催につながったり、その人の企画が実現しなくても他のイベント主催者を紹介してくれたりしたそうです。また、常に店内の席に座っているようにして、ふらっと来た人とコミュニケーションを取ったり、そこにいる人と人をつないだりもしていました。

こうして、コミュニティマネージャーの経験を通じてイベント主催者や取材に来たメディア関係者、イベント参加者、カフェのお客さん、といった広く多様な「人的ネットワーク」が押切さんの周りに築かれていきます。また、イベント主催者と話すなかで、その人の想いが実現する後押しができることに喜びを覚え、サポーター気質であるという「自己理解」に至ります。サポーター気質が過ぎて、BOOK LAB TOKYOに向いていない企画のときには別の会場を自ら案内することもあったそうです。

そこに転機が訪れます。BOOK LAB TOKYOがメディアを運営する企業に事業譲渡されたのです。それと同時にそれまでの店長が退職し、事業譲渡先企業からの打診もあり押切さんが店長に就任することに。「本当に偶然で、店長をやるとは思ってもいなかった」とのこと。予期せぬカタチで店長になったものの、20代のころに簿記を始めとしてバックオフィス全般の「スキルセット」を磨いていたことがここで活きてきます。運営にまつわる数字をチェックしたり採用や人事労務までカバーするカタチで店舗運営ができたのです。「遠回りしてきたように思ったけど、過去の経験がすべて店長としての仕事に活きている」と感じたそうです。そうやって押切さんは高い成果を出し、店長になった年に社内の新人賞を獲得するまでになったのです。

順調に思えますが、しかし押切さんは徐々に「もっと幅広い分野の人やコミュニティをサポートしたい」と思うようになります。BOOK LAB TOKYOでイベント企画の「スキルセット」を磨き、細かい作業が好きでサポーター気質でもあるという「自己理解」もあったため、コミュニティをサポートする仕事を希望するようになったのです。

そんな折に、社内の他のチームの人とたまたま話す機会があり、自分の希望を伝えると、Peatix（ピーティックス）というイベント・コミュニティ管理サービスを運営する企業の人とつないでくれました。BOOK LAB TOKYOでもイベントの管理ツールとしてPeatixを使っていたので、興味を持ったそうで、すぐに面談がセッティングされました。そして、その場で意気投合。転職が決まったそうです。よい偶然をもたらす「人的ネットワーク」は社外だけでなく、社内にもあるものですね。いまでは押切さんはPeatixでコミュニティをサポートする仕事をしています。これまでの経験を通じて得た「三つの蓄積」である「スキルセット」「人的ネットワーク」「自己理解」がすべて噛み合っていますね。その仕事を通じて最近では観光協会とのつながりができ、COVID-19の影響もあって、多拠点居住や移住を促す地域のサポーターとしての活動も模索しています。また、前職の企業からは退職後も副業の声がけがあるそうで、押切さんのライフピボットはまだまだ続きそうです。

振り返ってみると、押切さんはこれまで何度も転職を繰り返しながら、一度も転職サイトやエージェントを使ったことがありません。すべてが人のご縁でした。こうして「人的ネットワーク」を広げて偶然を手繰り寄せ、自分の周りにもコミュニティや人の縁を紡いでいく。そんな「人的ネットワーク」を中心にライフピボットを繰り返すスタイルもあるのです。

コラム

自己理解と発信で自分らしいキャリアを描く研究者

岩本友規さんは、もともとテクノロジーに興味が強かったそうで、1社目にハードウェア系の企業にセールスとして入社。その後、職場の先輩が立ち上げたソフトウェア系のITベンチャー企業に誘われ転職。その2社でソフトウェアやハードウェアに関する理解と、セールスという「スキルセット」を身につけました。しかし、その2社目の会社は半年で倒産。これを機に経営の基礎知識を身につけようと大学院で短期コースを受講します。コース修了後、その知識が活かせそうな小規模な会社を選び入社。そこではオンライン決済システムを販売する会社で、セールスもしながら技術的なサポートや経理まで、一人であらゆる工程を経験します。

こうしたテクノロジーに関わる仕事を続けるなかで「先進的なデバイスを作りたい」という想いが強くなっていきます。腕時計型デバイスからホログラムが出てきて会話できる、そんなものを自分で作りたいという野望を抱いたそうです。このような野望も「自己理解」として重要ですね。その自己理解にまるで呼応するように、転

ライフピボットの実践者

岩《いわ》本《もと》友《ゆう》規《き》

中央大学法学部卒業後、3回の転職を経て、携帯通信キャリアに勤務していた33歳のとき発達障害の診断を受ける。翌年からレノボ・ジャパン株式会社(当時)のシニアアナリストとしてデータ分析等を行いながら、精神的「自立」や「主体性」獲得プロセスの研究、普及のための執筆、講演活動を行う。2018年から明星大学発達支援研究センターの研究員を務める。大人の「生き方」研究所 - Hライフラボ代表。筑波大学人間総合科学学術院非常勤講師。著書に『発達障害の自分の育て方』(主婦の友社)。

職サイト経由でウィルコム（のちのワイモバイル）というモバイル通信事業の会社からデバイス開発に関わるポジションのオファーがありました。まさに渡りに船。ここまで4年で4社目となる、かなりのハイペースで転職を繰り返しています。

ウィルコムでは購買部に配属され、販売する端末（当時はPHS）などを仕入れる仕事をしていました。日本初のスマホも担当していたそうです。その後、端末がどの程度売れるかを予測する需要予測の業務も任せられるようになり、そのためのデータ分析にのめり込んでいきます。在庫を切らさないようにしつつ残さないようにするゲームのような面白さもあり、「これは向いていそうだ」と感じたそうです。

順調そうに思えましたが、この職場で岩本さんはストレスから体調を崩してしまいます。10ヶ月ほどの休職後に復帰するも、そこから休職と復帰が繰り返されることに。そんな不安定な時期が続くなかで、主治医からADHD（注意欠陥多動性障害）の治療薬を試すように勧められます。興味を持って調べてみると、ADHDの特性が自分にピッタリ当てはまります。その特性による仕事でのミスがストレスとなり、体調を崩していたのです。これもまた重要な「自己理解」と言えるでしょう。こうして岩本さんは、作業の前に一呼吸おいて考えたり、客観視するようにして、自分の特性と付き合っていくことができるようになったのです。

自分の特性と向き合うなかで、ADHDの症状を乗り越えるために、寝食を忘れるほど没頭できることを仕事にしようと思うようになります。岩本さんにとってはそれがウィルコムで需要予測のために行っていたデータ分析でした。こうして、データ分析の「スキルセット」と「自己理解」に導かれるように転職活動を開始し、5社目となるレノボ・ジャパンに転職します。

そこでは岩本さんの才能が大いに発揮され、その高い需要予測精度を評価され社内の個人優秀賞を受賞。自分自身にも変化が現れ、主体的に行動できるようになった自分に驚いたそうです。こうした経験をもとに、ブログを中心に自身の経験を発信していくようになります。ブログのタイトルは「発達障害の『生き方』研究所」としました。ADHDは発達障害の一形態です。これまでの自分のように生き方に悩んでいる人のためになりたいという想いと、いつか発達に関する研究がしたいという想いがあり、こうしたタイトルになりました。

このブログがまた思わぬ「人的ネットワーク」を呼び込みます。ブログを書き始めてから数ヶ月後に、勉強のためと発達の特性に関するイベントに参加しました。そこで偶然、本のプロデューサーと出会ったのです。以前から書き溜めていたブログを見せると「ぜひ出版しましょう」と、話が進んでいきました。本のタイトルは『発達障害の自分の育て方』。ブログはもともと「いつかは出版して多くの人に届けたい」と思って書いていたものなので、喜びも大きかったことでしょう。

出版までこぎつけたその先で、また新しい展開が岩本さんを待っていました。本を読んだ明星大学の職員からの連絡があり、一緒に研究活動をしようと持ち掛けてくれたのです。ブログのタイトルに「研究所」と入れるほど、いつかはきちんと研究活動をしたいと思っていた岩本さんに断る理由はありません。レノボ・ジャパンが副業を認めていたため、明星大学での講演会や学会発表などのカタチで関わることになります。

そうしてデータ分析を本業として、副業で研究に関わっていたあるとき、また偶然が訪れます。明星大学から「研究員の枠が空いたので、岩本さんいかがですか?」と提案されたのです。ちょうど発達障害についてもっと研究したいと思っていた矢先のことで、驚きました。「自分の仕事はこうした研究にあるのかもしれない」と思った岩本さんはレノボ・ジャパンを退職し、現在は研究員として明星大学に加わり、研究に勤しんでいます。

自己理解をキッカケに発信を続けてきた岩本さん。ブログが本の出版のキッカケとなり、その本が研究活動の機会をもたらし、その活動がまた研究員のポストにつながりました。岩本さんの人生はまるで数珠つなぎのようです。岩本さんのライフピボットの繰り返しは、わたしたちに自己理解と発信の重要性を教えてくれます。

第4章

蓄積のためのアクション 後編

蓄積のためのアクション
④コミュニティに参加する／主宰する

マインドセット

コミュニティには様々なタイプがあります。地域に昔からあるような天然物もあれば、最近ではオンラインにも増えている人工物もあります。どちらのタイプでも、新しいコミュニティに入ることは様々な面でわたしたちの可能性を広げてくれます。特に、「会社」と「家庭」を往復している人は、**第3の場（サードプレイス）としてそれ以外の場に所属することで得られる恩恵は大きい**ものです。そこでは、見たことのない自分の新しい側面を見つけたり、会ったことのない新しい人とのつながりが生まれます。

コミュニティとは

そもそも、コミュニティとは何でしょうか？　これは、チームと対比することで理解することができます。どちらも、人が集まった集団、つまり「グループ」であることは共通しています。しかし、言葉の使われ方を考えてみるとその違いが明確になります。たとえば、「地域コミュニティ」とは言いますが「地域チーム」とは言いません。逆に「プロサッカーチーム」とは言いますが「プロサッカーコミュニティ」とは言いません。こうした具体的な用例を見ていくと、両者には目的の所在に差があることがわかります。どういうことかというと、**コミュニティは内側に目的がある集団**で、チームは外側に目的がある集団ということです。

たとえば、地域コミュニティは構成員が支え合って生きていくことが目的で、それ以外の目的はありません。目的は集団の内側にあるのです。目的が集団の内側にあるのは「コミュニティ」なので、「地域コミュニティ」という言葉が成り立つのです。一方、プロサッカーチームは一人ひとりのやりたいサッカーをやることが目的ではなく、相手チームに勝ったり、ファンを喜ばせたりすることが目的です。つまり、目的が集団の外側にあることになります。だからこそ、「プロサッカーチーム」と呼ぶのです。

コミュニティとチームにはほかにも違いがあります。チームは目的のために構成員の入れ替えが起きたり、目的が達成されたら解散する場合があります。つまり構成員は「手段」なのです。それとは逆にコミュニティでは、構成員は「目的」です。**構成員がそこで生きていける居場所を見つけられたり、役割を見つけられることが目的**なのです。だから、チームのように構成員の頻繁な入れ替えも解散もありません。

このような特徴から、構成員同士が長く関わることができるのがコミュニティのメリットの一つです。長く参加することで、自然と「人的ネットワーク」が広がっていくでしょう。ただし、もともと終了時期や終了条件（登壇者が100人に達したら解散する「100人カイギ」など）を定めている場合もありますし、主宰者が熱量を失ったりして実質的な活動が停止することもあります。そのため、すべてのコミュニティが長く続くわけではありません。

コミュニティは人をGIVERにする

そういった一部の例外はあるものの、コミュニティが一般的に長期的な存在であることのメリットのもう一つが、その構成員がＧＩＶＥＲになりやすいことです。**ＧＩＶＥＲとは自分が受け取る以上に与えようとする人のこと**で、見返りを求めずに相手の相談に乗ったり、活動を手伝ったり、人を紹介して応援してくれたりします。ＧＩＶＥＲの逆はＴＡＫＥＲで、与えるより多くをもらおうとする人のことで、相手を利用して自分の利益になるように仕向けます。

付き合いの長さで人がＧＩＶＥＲになったりＴＡＫＥＲになったりする理由を考えてみましょう。まず、ごく短期的な付き合いは、人をＴＡＫＥＲにします。なぜなら、相手とこれっきり会うことがないなら、搾取して印象が悪くなっても気にする必要がないからです。だから、その瞬間に相手からできるだけ多くのものを得ようとする。観光客が海外でぼったくられることがあるのは、二度と会うことがないと思われているからでしょう。

では逆に、長期的な関係になりそうな人との付き合いはどうでしょうか？　この場合は、相手と良好な関係を築いておくほうが得なので、人はＧＩＶＥＲになりやすい。なぜなら、その相手と何かを一緒にやることになるかもしれないし、いつか助けてもらうこともあるかもしれませんから。田舎でよく食べ物のおすそ分けをするのは、こうした理由で人がＧＩＶＥＲになりやすいという側面も、なくはないでしょう。

こうして**コミュニティは人をGIVERにする。そして、GIVERとの「人的ネットワーク」が生まれると、有益な情報や機会が得られやすくなり、ライフピボットにつながる偶然も生まれやすくなる**でしょう。所属している時間が長くなるほど、構成員同士の信用や信頼も貯まっていき、「人的ネットワーク」はより深まったり強くなったり広がったりします。実際、わたしが主宰する議論メシでは、独立したり起業したり副業を始めたりする人が多くいます。GIVER同士のつながりが、実際にライフピボットにつながっているのです。

副業を試すいい機会になる

また、コミュニティのなかで**新しい「スキルセット」を副業として試してみる**のもいいでしょう。たとえば、副業でキャリアコンサルティングをしたければ、まずコミュニティで発注者（クライアント）となる人を探してみるのです。可能なら、コミュニティに発注者募集の旨を告知させてもらいましょう。また、副業で映像を作る仕事をしたければ、コミュニティでのイベントを撮影・編集して、その映像を参加者にプレゼントするのもいいでしょう。

コミュニティはそもそもお互いをサポートする場なので、どんな副業も歓迎されるはずです。それに、コミュニティのなかなら失敗してもご愛嬌ですし、むしろそうやって価値提供を試みたことはコミュニティの構成員にギブとして受け取ってもらえます。このように**コミュニティのなかでの副業はハードルが低く、始めやすい**のです。コミュニティの内側でこっそりブラッシュアップしてからＳＮＳなどで副業を始めたことを広く告知するステップを踏めば、スタートでつまずく可能性も低いでしょう。

自己理解にもつながる

コミュニティで得られるのは「人的ネットワーク」「スキルセット」だけではありません。コミュニティの構成員には多様な人がいるので、自分にはない価値観や考え方の人とたくさん出会います。違和感を覚えることもあるかもしれませんが、その違和感こそが重要です。違和感を覚えるポイントにお互いの価値観のズレがあるはずです。たとえば、相手の意見を批判する人がいたとして、その人の言動に違和感を覚えたとしたら、自分には「相手の意見を批判してはいけない・したくない」といった価値観があることがわかってきます。

このように、コミュニティにいる**多様な人との接点が「自己理解」にもつながる**のです。もしかしたら、違和感を覚える多様な人に囲まれていたらストレスになってしまうと思うかもしれません。しかし、他者をすべて「受け入れる」必要はなく、ひとまず「受け止める」くらいでいいのではないでしょうか。あまり気張らず「こんな人もいるんだな」と思うようにすると、違いを楽しむことができます。

ステップ1　コミュニティを探す

一言でコミュニティと言っても、様々な種類があります。まず身近なもので言うと地域コミュニティがあります。自分が住んでいる地域で活発な活動をしているコミュニティがあれば、まずは所属してみるのがいいでしょう。もしそういったコミュニティがなくても、2拠点居住もしくは多拠点居住によって様々な地域コミュニティに関わることができます。最近では「ADDress」や「HafH」といった、定額でいろいろな地域に住むことができるサービスもあるので、利用してみてはいかがでしょうか。

また、実際にその地域に住んでいなくても関係人口としてオンラインで関わることができるコミュニティもあります。たとえば、「シェア街」は東京の浅草橋・両国・御徒町・日本橋周辺のシェアハウスを中心にしたオンラインとオフラインが融合した地域コミュニティです。また、「シェアビレッジ」はNENGUと呼ばれる年会費を払うことで誰でもバーチャルな村民になれる、秋田県にある古民家を中心としたコミュニティです。オンラインで住民になり、地域コミュニティに関わることができるのです。

地域コミュニティ以外には、趣味のコミュニティや職業のコミュニティもあります。これは自分の趣味や職業をキーワードにして「○○　コミュニティ」というように検索すると見つかるでしょう。Facebookで運営されているコミュニティもあるので、Googleだけではなく Facebookでも検索してみるのがオススメです。

また、地域・趣味・職業以外にも、そこにしかない体験価値を提供するコミュニティも数多くあり、その多様さはもはや分類しきれないほどです。そういった分類の難しいコミュニティは、検索するよりもコミュニティが多数掲載されているサービスをチェックするほうがよいでしょう。代表的なものは「CAMPFIREコミュニティ」や「DMMオンラインサロン」です。

カテゴリーやキーワードで自分にあったコミュニティを探すことができます。

ハブ型とメッシュ型

おおざっぱに言えばコミュニティには大きく二つのタイプがあります。そのどちらのタイプを選ぶのかも重要なポイントです。同じテーマだったとしても、コミュニティのタイプによってその体験は大きく異なるからです。コミュニティのタイプの一つめは、「**ハブ型**」です。これは、**主宰者もしくは運営チームが中心（ハブ）となり、イベントを企画したりやコンテンツを発信したりするタイプ**です。ハブの動き次第でコミュニティの盛り上がりも変わってきます。メンバー同士の交流よりは、ハブとなる主宰者や運営チームとの交流や彼らからの発信がメインコンテンツになります。そのため「人的ネットワーク」は増えにくいですが、ハブとなる彼らの活動や発信内容が魅力的な場合は、そこに価値を感じられる体験となるでしょう。

もう一つのコミュニティのタイプは「**メッシュ型**」です。**明確な中心（ハブ）はなく、メンバー全員が各自でイベントを企画したりコンテンツを発信**したりします。それによって構成員同士の交流が起き、縦横無尽（メッシュ状）に人がつながることができます。そのため、「人的ネットワーク」が構築されやすいタイプのコミュニティだと言えます。一方で、様々な構成員がイベント主催や発信をするため、そのクオリティには多少ばらつきがあります。

もし**「スキルセット」に関する情報を求めていたら「ハブ型」**のコミュニティが向いているでしょうし、**「人的ネットワーク」や交流を通じた「自己理解」を求めていたら、「メッシュ型」**のコミュニティが向いています。

一般的に、個人名が全面に出ているコミュニティは「ハブ型」であることが多く、それ以外の名詞や動詞が全面に出ているコミュニティは「メッシュ型」である場合が多いです。しかし例外もあるので、この二つのタイプをコミュニティに入る前に見抜くのは難しい。ですから、興味を持ったコミュニティがあれば一度入って体験してみるのがいいでしょう。体験して初めてその価値がわかることもありますし、求めていた体験価値と違う場合にはさくっと抜けてしまえばいいのです。こうした気軽さも最近のコミュニティのよいところです。

ステップ2　コミュニティに参加する

待ちの姿勢ではコミュニティをフル活用することはできません。積極的に自分が関われるポイントを探しましょう。最近のコミュニティはFacebookグループやＬＩＮＥグループ、

Ｓｌａｃｋなどのオンラインコミュニケーションツールを使って運営されていることが多いので、まずはオンラインで自分の存在を知ってもらいましょう。「①マッチングサービスを利用する」でお伝えしたように、**自己紹介はオンラインで人と接点を作るときに非常に重要**です。自己紹介ができるスレッドがあれば、そこにまずは書き込んでみましょう。また、他の人の自己紹介との共通点を見つけてコメントをつけるのもいいですね。そうやって自分の存在を知ってもらうことで、自分自身が安心してコミュニティに参加することができますし、この時点で興味を持ってくれた人との「人的ネットワーク」が生まれていきます。

コミュニティではコンテンツが投稿されたりイベントが開催されたりします。無理のない範囲で構わないので、コンテンツには積極的に反応してみたり、イベントには積極的に参加してみたりしましょう。そうすることで、主宰者や運営チーム、構成員に自分の存在を知ってもらうことができます。こうした交流が盛り上がると、それをキッカケに新しいプロジェクトが動き出すことがあります。具体的には、合宿や旅行の企画、企業から提示される課題へのチャレンジ、自分たちでゼロから始める商品開発、といったプロジェクトが生まれます。

参加することで三つの蓄積を貯めよう

コミュニティ内で発生するプロジェクトに参加するメリットは何でしょうか？　一つは、そのプロジェクトで**自分の新しい役割を見つけられる**ことです。会社では「部長」で、家庭では「お父さん」という役割がある人も、このコミュニティ内のプロジェクトではいつもと違う役割を担うことができます。失敗して人事評価に影響することもないし、人の目を気にする必要もありません。思い切ってやったことがないことにチャレンジしてみましょう。プロジェクトのまとめ役を買って出たり、プロジェクトについて発信するブログ記事を書いたり、打ち合わせをファシリテーションしてみたり。未経験のことにチャレンジすれば、それが「スキルセット」として身につくかもしれませんし、新しい自分を知ることで「自己理解」も深まるでしょう。自ら役割を探す姿勢によってプロジェクトのメンバーとの信頼関係が生まれ「人的ネットワーク」が広がるのは言うまでもありません。

このように、大規模なコミュニティのなかでも、プロジェクトのような小規模な集まりを見つけることで「人的ネットワーク」を築きやすくなります。意外かもしれませんが、大規模なほうがいいというわけでもないのです。たとえば、１０００人が会場にいるパーティーを想像してみてください。きっと、誰に話しかけていいかわからず戸惑うことになるでしょう（わたしのように人見知りの場合は特にそう）。しかし、5人の飲み会だったらどうでしょうか？　もはや居合わせた人たちで話すしかありません。大規模な場のほうがいろんな人とつながれそうな気がしますが、実際には**小規模な場のほうがつながりやすい**のです。

コミュニティで開催されるイベントも同様です。数十人〜数百人が参加する大規模なイベントに参加するのも楽しいですが、ここで得られるものは実は多くありません。むしろ、10人以下の場や、多くても20人くらいまでの場のほうが、「人的ネットワーク」を築きやすい。それに、プロジェクトと同様、イベントでも少人数の前なら新しい「スキルセット」を試したりもしやすいものです。やったことのないイベントのグラフィックレコーディングをしてみたり、ファシリテーターを名乗り出てもいいでしょう。

このように、コミュニティに投稿されるコンテンツに反応したり、開催されるイベントに参加したりすることで、ライフピボットの「三つの蓄積」である「スキルセット」「人的ネットワーク」「自己理解」が貯まっていくのです。

ステップ3　コミュニティの運営に携わる・立ち上げる

コミュニティに参加する人のなかには、コミュニティの運営に携わりたい、という人も多くいます。これはなぜかというと、「③イベントに登壇する／主催する」にも書いたように、コミュニティも参加者でいるよりは**運営に携わるほうが得られるものは多い**からです。

運営と言っても、難しく考える必要はありません。コミュニティのコンテンツに早めに反応してコメントするだけでもいいのです。それだけで他の人からも反応が増え、盛り上がりやすくなります。また、イベントの会場に早めに行って事前準備を手伝ったり率先して片づけをしたりするのも喜ばれます。主宰者や運営チーム、**構成員のためにできることを探して自分からやり始めれば、それがコミュニティにおける役割になっていく**でしょう。

そうやってコミュニティに慣れてきたら、主宰者や運営チームに「もっとコミュニティのためにできることはないか」と聞いてみるのもいいでしょう。もしその時点でできることがなくても、必要になったときに連絡をしてくれることがあります。

運営チームとして関わることができるようになれば、**そのコミュニティが自分の居場所として強く感じられます**。会社や家庭以外の居場所を持つことで、会社でうまくいかないことがあったり家族との不和があったとしても相談できる相手や逃げ込める場所になるでしょう。さらに、運営チームの一員としてコンテンツを投稿したりイベントを企画するようになれば、参加する以上の「人的ネットワーク」が築かれていきます。

小さく始めて、マイペースで続ける

もし自分でも主宰できそうだと思えたら、実際にコミュニティを立ち上げるのもいいでしょう。最近ではコミュニティに所属したり運営に関わった経験を活かして、小さくとも自分が主宰するコミュニティを立ち上げる人は増え続けています。この背景には先に紹介した「CAMPFIREコミュニティ」のような、コミュニティ支援サービスの存在もあります。

特に自分が求めるコミュニティが見つからない場合は、自分の好きなテーマを決めてコミュニティを作ったほうがいいかもしれません。小規模な場のメリットをお伝えした通り、コミュニティは人数が多いほどよいというわけではありません。まずは**小さく始めて、ゆっくり自分のペースで続ける**といいでしょう。

わたしが主宰する議論メシというコミュニティもスタートした当初の構成員は8人。少人数で集まりながら、面白いと思うこと、意味があると思うことを続けてきた結果、自然とコミュニティは成長・成熟していきました。自分の興味関心や価値観に共感してくれる人がどれだけいるかはわかりません。ですから、コミュニティの初期は特に不安や焦りもあるでしょう。しかし、一人ひとり共感する仲間を増やしていく面白さもあります。そうやってじっくりと形成された「人的ネットワーク」のおかげで、わたしは新しい機会や人との出会いに恵まれているのだと思います。一人で始めるのが難しそうなら、誰かを誘って共同で主宰するという方法もあります。また、コミュニティ内のサブコミュニティや部活動として動き出すケースもあるので、参加しているコミュニティの主宰者や運営チームに打診してみるのもいいでしょう。

このようにして、コミュニティの運営もしくは主宰をすることで身につけた「スキルセット」は、ライフピボットにおいても使い勝手のよいカードになるでしょう。企業のサービスに関連するコミュニティを立ち上げて売上を伸ばしたり、コワーキングスペース入居者のコミュニティを立ち上げて付加価値をつけたりできるようになるかもしれません。また、「①マッチングサービスを利用する」「③イベントに登壇する／主催する」で出会った人をそのコミュニティに誘うことができますし、運営や主宰の経験は「②発信し続ける」のネタになったりもします。また、このあとご説明するギグワークやギブワークの相手をコミュニティから見つけることもできます。つまり、**コミュニティの運営もしくは主宰は、ほかのあらゆる蓄積のためのアクションとシナジーがある**のです。

図23 蓄積のための六つのアクション④ まとめ

④コミュニティに参加する／主宰する

	即効性がある	じわじわ効いてくる
「新しい人に出会う」アクション	①マッチングサービスを利用する	②発信し続ける
「新しい場に出向く」アクション	③イベントに登壇する／主催する	④コミュニティに参加する／主宰する
「新しい機会を生む」アクション	⑤ギグワークをする	⑥ギブワークをする

マインドセット

- コミュニティとは内側に目的がある集団
- 居場所や役割を見つけられることが目的
- コミュニティは人をGIVERにする
- 偶然の機会が生まれやすい
- 副業を試すいい機会になる
- 多様な人との接点が「自己理解」につながる

ステップ1 コミュニティを探す

- 身近な地域のコミュニティを探す
- 多拠点居住によって地域コミュニティに関わる

例）ADDress、HafH

- オンラインで地域に関わる

例）シェア街、シェアビレッジ

- 「スキルセット」を求めるならハブ型が向いている
- 「人的ネットワーク」を求めるならメッシュ型が向いている

ステップ2 参加する

- 自分が関われるポイントを積極的に探す

例）自己紹介をする、コンテンツに反応する、イベントに参加する

- プロジェクトに関わることで、自分の役割を見つける
- 小規模なほうが「人的ネットワーク」を築きやすい

ステップ3 運営に携わる・立ち上げる

- 主体的に関わることで三つの蓄積を貯めやすい
- コミュニティ支援サービスなどを活用し、小さく始めて、マイペースで続ける

例）CAMPFIREコミュニティ

蓄積のためのアクション⑤ギグワークをする

マインドセット

本書で言うギグワークとは、**オンラインで受発注される単発の仕事**を指します。音楽用語としてのギグは、小さな舞台で行われる1回限りの演奏を指すスラングでもあります。ギグワークをしている人はギグワーカーと呼ばれますが、フリーランスと混同されるケースもあるのでその違いをご説明しておきます。どちらも特定の企業との長期的な雇用契約は結ばずに働く点は同じです。しかし、フリーランスは中長期的にクライアントの「プロジェクト」に関わることがあるのに対し、ギグワーカーは単発で、多くは数分から数時間といった短期的な「タスク」を遂行することが求められます。フリーランスのなかにもタスクを中心に請け負う人もいるため厳密に両者を分けることはできませんが、**「スキマ時間にできるタスクを担う」**のがギグワーカーだと言えます。

リクエスト型と出品型

ウーバーイーツで食事のデリバリーをしたことがある人もいるでしょう。その配達員もギグワーカーです。配達員は、スマートフォンのアプリでリクエスト（デリバリーの依頼）を引き受けることができます。その後、アプリに表示されるお店に料理を取りに行き、デリバリーの発注者の指定場所（自宅やオフィスなど）に届ける。こうした一連の業務を数十分で遂行することで、報酬が発生します。リクエストを引き受けるかどうかも自分で決めることができ、好きなタイミングで短時間で働くことができます。会社に自転車通勤している人なら、会社の帰りにウーバーイーツで配達してから帰宅する、という使い方もできるでしょう。ウーバーイーツの場合、１配達で約５００円程度、１時間で３回配達すれば１５００円程度が報酬として受け取れることになります。

ほかにも、Ｔｉｍｅｅというサービスでもギグワーカーが活躍しています。Ｔｉｍｅｅは、スキマ時間に働きたい人と人手が欲しい店舗や企業をマッチングするサービス。発注者である店舗や企業からのリクエストの一覧から希望の日時や条件に合うものをギグワーカーが申し込み、引き受けることができます。あとは当日に現場に行くだけ。事前の面接もありません。飲食店スタッフを始めとして、事務作業やイベントスタッフなどの仕事のリクエストがあり、最短1時間で業務完了となります。

ウーバーイーツやＴｉｍｅｅは、**発注者からの「リクエスト」が先にあり、それをギグワーカーが引き受けるかどうかを選ぶという流れのリクエスト型ギグワーク**サービスだと言えます。

一方で、この逆もあります。それは、**ギグワーカーが自分のスキルを「出品」し、それに発注者が申し込む、という出品型ギグワーク**サービスです。そのサービスを利用すれば、似顔絵が描ける人が「あなたの似顔絵を描きます」といったスキルを2万円などの自分で決めた価格で出品することができます。あとは発注者が申し込んでくれるのを待つのです。「あなたを主役にした短篇小説を書きます」「あなたに似合うファッションを提案します」「コントや漫才の台本を作ります」といったユニークなスキルの出品が見られるのも出品型ギグワークサービスの特徴です。

ギグワークは大人のキッザニア

実は、わたしが２０１５年にフリーランスとして独立してから初めて受注した仕事は出品型ギグワークサービスの一つ「ココナラ」で申し込まれたものでした。出品したスキルのタイトルは「iPhoneアプリ・ウェブサービスのテスト・レビュー実施！改善ポイントを洗い出します」というもの。実は、わたしが出品していたスキルはこれ以外にもいくつかあり、そのなかでこれが最も売れたのです。出品者は全員、立ち上げたばかりの新規事業へのアドバイスを求めていました。こうして新規事業へのアドバイスにニーズがあることがわかり、わたしはそのスキルを売りにしてフリーランスとして活動していくことになります。このように、**複数のスキルを出品することで、持っているスキルのニーズの有無を実験することもできる**のです。

ちなみに、初めてココナラで売れたその仕事の報酬はワンコインの５００円。報酬額としては決して高くないですが、得られたものはそれ以上です。なぜなら、この仕事を繰り返しやってみたおかげで、モノゴトを多角的に見てディスカッションすることが得意であるという「自己理解」が得られたからです。この「自己理解」はその後のわたしのキャリアに大きく影響を与えることになり、その後ディスカッションパートナーと名乗るようになります。

ギグワークの発注者はお金を払っているため、率直なフィードバックをくれる可能性が高いのも特徴です。そもそもサービスの一部として評価の仕組みが含まれている場合も多いので、毎回の仕事で「スキルセット」がブラッシュアップされていきます。このように、**いろいろなスキルを試し、磨くこともできる**。子どもの職業体験ができるキッザニアという体験型施設がありますが、ギグワークは大人のキッザニアといったところでしょう。

ギグワークでは**短時間で自分を試すことができる**というメリットもあります。会社から帰る途中や帰ってからの自宅での1時間を、副業として使えるのです。また、事前に「人的ネットワーク」があまりない場合にも活用しやすい点も大きなメリットです。副業でつまずきやすいのが発注者を見つける段階ですが、ギグワークならリクエストを受け付けたり出品したりすればOK。「人的ネットワーク」がなくてもギグワークは始められる。このように、時間がない、「人的ネットワーク」もない、そんな状況でも活用できるのもギグワークのメリットです。

また、自分が出品しているスキルに似たスキルを出品している人を見つけたら、自分が発注者として申し込んでみるといいでしょう。そうすることで、その人のスキルを体験して学び、自分の「スキルセット」の向上に活かすことができます。将来フリーランスになりたい人も、まずはギグワークで自分を試してみるといいでしょう。個人として仕事を受ける面白さや難しさ、報酬の相場、発注者とのコミュニケーションのコツなどを知ることができます。

ステップ1　ギグワークで試すスキルを決める

まずはギグワークで試すスキルを決めましょう。そのスキルに合わせてギグワークサービスを選ぶことになります。スキルの選び方は自由です。すでに自分が持っているスキルを利用するなら、ギグワークを通じて新しい「人的ネットワーク」を築くことができます。一方で、まだ自分が持っていないスキルをギグワークを通じて身につけるのもいいでしょう。

どんなスキルを出品したらいいか思いつかない場合、あらゆるスキルを出品できる**総合型スキルマーケットサービス**をチェックするとヒントになります。スキルマーケットサービスとは、多種多様なスキルが出品されている出品型ギグワークサービスの一つです。出品されているスキルをチェックして、自分が出品するスキルを検討することができます。

スキルマーケットから探す

ここでは、総合型スキルマーケットサービスとして先述のココナラをご紹介します。ココナラに登録されているスキルのカテゴリーは230種類、そして出品数は30万件以上です。デザイン、ウェブサイト制作、動画・音楽制作、ライティングなどの「制作系」に加え、ビジネス、マーケティングなどの「サポート」から、ファッション、キャリアなどの「相談系」まで、ビジネスからプライベートまでシーン問わず多彩なサービスを売り買いすることが可能です。これだけあれば自分にできそうなギグワークも見つかるでしょう。ココナラのカテゴリーをチェックして「これならできそう」と思えるものを見つけてみてください。

ココナラ以上に気軽に始められるスキルが出品されているのが、第3章の「①マッチングサービスを利用する」でもご紹介したbosyuです。bosyuは自分の会いたい人を募集するサービスですが、実は決済機能があり、その機能を使えばギグワークサービスとしてスキルを出品できるのです。「キャリアの相談に乗ります」「ひたすら話を聞きます」「英語の発音をチェックします」など、ココナラよりも気軽に出品できるので、bosyuもチェックすると自分にできるギグワークのイメージが湧きやすくなるでしょう。

スキルが未熟な場合はどうする？

しかし、そんなメリットばかりのギグワークでも躊躇してしまう人もいます。ギグワークでは報酬が発生するため、未熟なスキルを試すべきではないという考えのようです。報酬をいただく以上、プロフェッショナルとして名乗れるくらいのスキルでなければいけないのでしょうか？　必ずしもそうではないと、わたしは思います。もちろんプロ意識は重要だと思いますが、それで「自分にはプロを名乗れるスキルはない」とギグワークを諦めるのはもったいない。もしスキルに自信がない場合には報酬額を引き下げればいいのです。役立とうとする姿勢があれば、相手には伝わります。**打席に立ち、バットを振る経験でしか、実践的なスキルを身につけることはできません**。未熟なスキルを試しながら改善し、スキルが高くなってきたらそれに合わせて報酬額を上げることを検討すればいいのです。

ステップ2　ギグワークサービスに登録・出品する

選んだスキルによって、利用するギグワークサービスも変わってきます。もし自分が選んだスキルに関連する**特化型のギグワークサービス**があれば、それを活用するのがいいでしょう。たとえば、「ビザスク」はビジネス系に特化したギグワークサービスです。ビジネス上の貴重な経験や、業界構造やその動向に関する知識などがあれば、それをシェアすることで報酬を得ることができます。「ＩＴ」や「マーケティング」に関する経験や知識が人気のようですが、５００以上の幅広いカテゴリーがあります。

ほかにも、「ストアカ」は講座形式で教えられるスキルに特化したギグワークサービス。写真の撮り方、デザインの考え方、話し方など、様々な学びの講座を開設することができます。それ以外にも、ここでは紹介しきれないたくさんの特化型のギグワークサービスがあるので、探してみましょう。出品型ギグワークサービスは「スキルシェアリング」と呼ばれることがあるので、検索のさいのキーワードとして利用してみてください。

もし特化型のギグワークサービスが見つからない場合は、総合型のギグワークサービスを活用することになります。先に紹介したココナラやｂｏｓｙｕ以外にも、個人の時間を30分単位で売り買いできる「タイムチケット」というサービスもあります。タイムチケットでは、専門家でなくてもできる悩み相談の提供からビジネスコンサルティングまで、様々なジャンルのスキルを時間単位のチケットというカタチで販売することができます。

プロフィールが重要なことは「①マッチングサービスを利用する」でもお伝えしたとおりです。**ギグワークサービスでもプロフィールをしっかり書いておきましょう**。マッチングと違うのは、ギグワークでは明確な価値提供が求められることです。そのため、価値提供ができる理由となる実績や経験があれば、記載しておくことをオススメします。

ステップ3　ギグワークを実践する

出品したスキルに申し込みがあれば、実際にギグワークをすることになります。発注者と対面するタイプのギグワーク（相談・コンサルティングなど）なら、面会する日時を決めることになりますし、対面せずに納品するタイプ（制作系など）のギグワークなら納期を決めることになります。どちらにしても、約束日時を守りただ報酬に見合った仕事をするのではなく、**期待や報**

酬を超えて価値提供する意識が必要です。相手に感動を与えて覚えてもらう、ということも一つの効果ではありますが、もう一つ理由があります。それは発注者に「贈与」をするためです。

贈与によって大きな蓄積が得られる

報酬と提供価値が釣り合っている場合、それは「取引（等価交換）」です。コンビニで物を買うのと変わりません。実は、取引は人と人をつなぐちからは持っていません。買い物をするたびにコンビニ店員さんと関係性が深まったりはしないことから明らかでしょう。取引とは逆に、等価ではない交換は何と呼ばれているかというと、それが「**贈与**」です。

贈与には人と人をつなぐちからがあります。それはとても身近なところに例があります。家族を見てみると、親は子に見返りを求めずに育てるという贈与をすることで、関係性を強固にします。経済的に自立した子どもにあとから養育費を請求する親はめったにいないでしょう。親が子を育てる行為は「贈与」であって「取引」ではないからです。

また、わたしたちが行事やお祝いで大切な人にプレゼントを贈ったり、食事をおごったりするときにも、贈与の持つつなぐちからを利用し、関係性をメンテナンスしていると言えます。もし仮に誕生日にもらったプレゼントの値段を聞いてその分のお金を相手に渡したらどうなるでしょうか？　直感的にもすごく失礼な感じがします。このとき、そのプレゼントは「贈与」ではなく「取引」の対象になってしまうので、二人の関係性は解消されてしまうかもしれません。

このように、わたしたちは「贈与」によってつながっている場面が多々あります。ギグワークにおいても、5000円の報酬だからといって5000円の価値提供をしていては「取引」でしかないので、発注者との関係はそれで終了です。金（のやり取り）の切れ目が縁の切れ目となります。しかし、5000円の報酬にもかかわらず1万円以上の価値を提供することができれば、発注者はその差額を「贈与」と感じるでしょう。言い換えれば、食事ではなく価値をおごってもらったという感覚。すると、発注者は「いつかお返ししなくては」と思うようになります。こうした**お返しをしなくてはいけないと感じる心理**のことを、心理学では「**返報性の原理**」と呼びます。

こうして、期待や報酬を超える価値提供をすることで「人的ネットワーク」が広がっていき、将来の仕事や機会につながります。また、高い価値を出そうと意識することは「スキルセット」を高める動機にもなります。加えて、発注者から率直なフィードバックをもらうことで、「スキルセット」をさらに磨くこともできるでしょう。ギグワークを通じて、普段の仕事では味わえない経験ができるので、それが「自己理解」にもつながるはずです。

図24 蓄積のための六つのアクション⑤ まとめ

⑤ギグワークをする

	即効性がある	じわじわ効いてくる
「新しい人に出会う」アクション	①マッチングサービスを利用する	②発信し続ける
「新しい場に出向く」アクション	③イベントに登壇する／主催する	④コミュニティに参加する／主宰する
「新しい機会を生む」アクション	⑤ギグワークをする	⑥ギブワークをする

マインドセット

- オンラインで発注される単発の仕事
- スキマ時間にできるタスクを担う
- 発注が先にあるリクエスト型

例）ウーバーイーツ、Timee

- 自らスキルを出品する出品型

例）ココナラ

- スキルのニーズの有無を実験できる
- 複数のスキルを試すいい機会になる
- 人的ネットワークがなくても始められる
- 仕事を通じて三つの蓄積を貯められる

ステップ1 試すスキルを決める

- スキルマーケットから探す

例）ココナラ、bosyu

- スキルが未熟でも打席に立つ

ステップ2 登録・出品する

- スキルマーケットを活用する
- 特化型サービスを活用する

例）ビザスク、ストアカ

- 時間を売る

例）タイムチケット

- プロフィールに価値提供ができる理由や実績をしっかり書いておく

ステップ3 実践する

- 期待や報酬を超えて価値提供する
- 「贈与」と「返報性の原理」を意識する

蓄積のためのアクション⑥ギブワークをする

マインドセット

ギブワークはわたしの造語で、**相手にギブする仕事のこと。つまり「タダ働き」のこと**です。ギグワークにかけて名づけてみました。タダ働きというと無意味に働かされて損をするイメージがありますが、そうとも限りません。タダ働きが損になるのは、金銭以外の報酬を含めてその仕事で得られるものが全くない場合でしょう。それは確かに労働力の搾取です。しかし、そういった極端な例を除けば、タダ働きにはちゃんとメリットもあるのです。

なぜなら、金銭の報酬がゼロだったとしても、それ以外にわたしたちが受け取れる報酬がギブワークには存在するからです。このことは第2章で「八つの報酬」としてご説明しました。

金銭以外の報酬とは、ライフピボットの「三つの報酬」にあたる「スキルセット」「人的ネットワーク」「自己理解」に加えて、**幸福に必要な「ポジティブ感情」「達成」「没頭」「意味」**のこと。わたしたちはタダ働きからこうした様々な報酬を得ることが可能なのです。

ギブワークは蓄積を貯めやすい

さらに重要なことに、タダ働きだからこそわたしたちは「八つの報酬」のうちのライフピボットに必要な「三つの報酬」を貯めやすくなります。なぜでしょうか？　タダ働きの特徴は、お金のやり取りが発生しない点にあります。これによって、様々な機会を得やすくなるのです。たとえば、イラストを趣味で描いている友人に「1万円でSNS用のアイコンに使える似顔絵を描いてあげるよ」と言われた場合と「イラストの練習がしたいからSNS用のアイコンに使える似顔絵を描いてもいい？」と言われた場合を想像してみてください。前者の場合は1万円に見合う価値があるかどうか、費用対効果の検討がアタマのなかで始まると思います。しかし、後者なら、費用対効果はそもそも問題になりません。費用がゼロだからです。そのため、「じゃあやってもらおうかな」という返事を引き出す可能性が高いのは後者のタダ働きになります。**お金の代わりに経験が手に入るので、タダ働きは「経験を買う」感覚**でもあります。職人に弟子入りしたり、社長の鞄持ちをしたりするのも、同じようなことでしょう。

このように、タダ働き、つまりギブワークはお金の話をせずに価値提供ができるので、**打席に立つ回数が圧倒的に多くなります**。ギブワークのチャンスはあらゆるところにあります。マッチングサービスを利用して出会った人の困りごとを解決することもギブワークですし、コミュニティのなかでイベントを企画することもギブワークでしょう。また、ギグワークで期待や報酬を超える価値を提供したらその差分はギブワークとも言えます。

さらに、ギブワークを戦略的に活用することで、**自分のことを知ってもらう**キッカケにもなります。わたしがフリーランスとして独立し、ディスカッションパートナーという肩書きで活動し始めたころは、仕事がほとんどありませんでした。仕事がないと暇になるので、マッチングサービスを使ってたくさんの人に会うことに。毎日のように様々な人と面会して相手の現状の課題ややりたいことについてディスカッションしていくうちに、価値を感じて「正式にディスカッションの相手を依頼したい」と言ってくれる人が現れました。ギブワークとしてディスカッションしていたのですが、それがわたしの提供価値を体験するキッカケとなり、結果的に仕事につながったのです。もちろん、直接の仕事にはならない相手もいましたが、その人も「ディスカッションしてもらった」という体験を周囲に広めてくれ、結果的にその人の知人から発注されるといったことも起きました。

ほかにも、あるデザイナーは頼まれてもいないのに勝手に自分が好きなアプリのデザインの改善案を制作するというギブワークをしました。そのデザインをTwitterでシェアしたことで、アプリの運営会社の人の目にとまり、仕事になったことがあるそうです。

「⑤ギグワークをする」で報酬を超える価値提供のことを贈与として説明しましたが、ギブワークは報酬がないので贈与そのものです（だからこそギブワークと名づけました）。**ギブワークという贈与によって、自分のスキルを世に出す機会が得られますし、贈与のちからで「人的ネットワーク」が広がっていく**のです。

お返しをどう考えるか

しかし、いつもお返しが得られるとは限りません。「もし相手がお返しをしてこなかったらどうすればいい?」と質問されることがあります。バレンタインデーにチョコを渡したんだからホワイトデーにお返しが欲しいよね、という感覚でしょうか。しかし、お返しがあるかどうかはそもそも問題ではありません。贈与はお返しを期待しないものですから。お返しを最初から期待していたら、それは「贈与」ではなく「取引」です。「こっちはタダ働きしてやったんだから、わかってるだろうな?」という「贈与のふりをした取引」は敏感に察知されてむしろ人を遠ざけてしまうでしょう。

ギブワークをした相手がお返しをしてこないことに釈然としない場合は、アタマのどこかに損得勘定があることになります。それは悪いことではないので、お返しがない場合の指針を二つ示しておきます。一つは、その人にはもう贈与しないこと。そうすればそれ以上の損をしないで済みます。もう一つは、お返ししてくれるまでの期間を10年などの長期に想定すること。わたしの経験でも、数年前にギブワークでディスカッションした人から仕事の依頼が来ることがありますから、お返しがいつになるかは全くわかりません。1週間後かもしれないし、10年後かもしれないのです。気長に待ちましょう。

仮にお返しがなくても「スキルセット」を磨き「自己理解」を深める経験をもらったことになるので、気にする必要はありません。しかし、過剰な贈与は「自己犠牲」になりますから、ギブワークも適量を心がけましょう。

ステップ1　ギブワークのニーズを探す

ギブワークだからといって、何でもすれば喜ばれるわけではありません。ニーズのないところでギブワークをしても、それはありがた迷惑となってしまいます。なので、まずはギブワークのニーズを探すところから始めてみましょう。

社内で探す

ニーズはどこにでもあるはずです。**最も探しやすいのは、いま働いている職場のニーズ**かもしれません。たとえば、会議で議事録を取るのも、意味のあるギブワークです。議事録を取るのは自分の仕事ではない、と思う人もいるかもしれませんが、議事録の取り方一つで「三つの蓄積」を貯めるアクションにすることができるのです。たとえば、議事録を取って全体のまとめをすることは抽象化というコンセプチュアルスキルを高めることになります。それに、議事録の内容に自分なりの知見や考えをあわせて載せておけば、それは参加者に向けたギブとなり、社内での「人的ネットワーク」を形成することに一役買うことでしょう。さらに、議事録を取るときに自分が何に注目するかを振り返ってみると、「自己理解」にもつながるかもしれません。

このように、議事録に限らず、自分の会社での役割を超えたギブワークのチャンスはいくらでもあるはずです。そういったニーズを探すには、**デスクを離れて雑談する**のがオススメです。雑談のふとした瞬間に相手の悩みや課題、手伝ってほしいことが垣間見えることがあるからです。

社外で探す

社外にもギブワークのチャンスはたくさんあります。**社外のほうが「人的ネットワーク」は広がりやすい**でしょう。たとえば、マッチングサービスで出会った人と会話するときに、自分は相手のために何ができるかを考えながら話すと、役に立てるポイントを見つけられるかもしれません。その人のために情報や機会、人を紹介することができれば、意味のあるギブワークになります。そんなちょっとした5分間でできることも、相手にとっては値千金になることがあるものです。また、コミュニティに積極的に参加して場を盛り上げたり、自らイベントを企画したりするのもいいでしょう。結果的にコミュニティ全体が盛り上がれば主宰者にも構成員にも歓迎されるギブワークになります。

プロボノで見いだす

さらに、プロボノとして活動するのもいいでしょう。プロボノは、「公共善のために」を意味するラテン語「pro bono publico」の略です。**自分の知識や経験を生かして社会貢献する活動**を指します。ボランティアとの違いは、提供するものの違いです。ボランティアは時間や労働力を提供する社会貢献活動です。そのため、特にスキルを必要とせず、活動への共感があれば参加できます。

一方でプロボノはスキルを提供します。ライティングのスキルで記事を書いて発信の手伝いをしたり、広報のスキルで活動を広く知ってもらう手伝いをしたり、プログラミングのスキルで活動の効率化をするツールを作ったり、といった関わり方をするのです。ボランティアに比べて少しハードルが高く感じるかもしれませんが、自分のスキルを社会に活かすことができる有意義なギブワークです。もし手伝いたいＮＰＯ法人があれば、直接声をかけてみるのもいいでしょう。そういったNPOがなければ、プロボノのマッチングをしている「二枚目の名刺」「サービスグラント」「ShareWorks」「ACTiVO」といった団体やサービスを活用することもできます。

ステップ2　ギブワークをする

ニーズを見つけることができたら、自分なりの関わり方を見つけて、ギブワークしてみましょう。ライフピボットの観点から言えば、**自分がそのギブワークを通じて「三つの蓄積」を貯めることができるかどうかが重要**です。そうやってライフピボットの準備をすることが、現代を生きるわたしたちに必要なのは先述のとおりです。しかしながら、本当にそのためだけにわたしたちはギブワーク、つまりタダ働きができるでしょうか？

ギブワークの意義

ライフピボットは「未来」の「自分」のために必要なことです。でも、人はそのためだけに行動し続けられるものではありません。実際に、わたしがギブワークをするときには、「未来」でもなく「自分」でもない、他の基準でも考えるようにしています。

たとえば、わたしたちには「未来」と同じくらい「いま」も重要ではないでしょうか。わたしたちがその瞬間に楽しく感じられたり、達成感があったり、没頭できたりすることなしに、ただただ準備のためのギブワークを続けることは難しい。

加えて、わたしたちには「自分」と同じくらい「周囲の人」や「社会」も重要です。わたしたちが誰かの役に立つ意味があることをしていると感じられないとしたら、それもまた、ギブワークとして続けるのは難しいでしょう。

このように、ギブワークとしてタダ働きと向き合うことは、そこにお金が介在しないがゆえに、**自分が人生で大事にしていることや、何のために働くのかを考えるキッカケ**にもなります。このような経験が、巡り巡って「自己理解」にもつながるのだと思います。給料や金銭的な報酬が当たり前になった状況では得難い経験ができるのも、ギブワークの特徴です。

図25　蓄積のための六つのアクション⑥　まとめ

⑥ギブワークをする

	即効性がある	じわじわ効いてくる
「新しい人に出会う」アクション	①マッチングサービスを利用する	②発信し続ける
「新しい場に出向く」アクション	③イベントに登壇する／主催する	④コミュニティに参加する／主宰する
「新しい機会を生む」アクション	⑤ギグワークをする	⑥ギブワークをする

マインドセット

- 相手にギブする仕事のこと（タダ働き）
- 八つの報酬のうち、「スキルセット」「人的ネットワーク」「自己理解」の三つの蓄積に加えて、幸福に必要な「ポジティブ感情」「達成」「没頭」「意味」を得られる
- 経験を買うような感覚で、三つの蓄積を貯めやすい
- 打席に立つ回数が圧倒的に増える
- 「贈与」のちからで「人的ネットワーク」が広がりやすい

ステップ1　ニーズを探す

- 社内で探す

例）議事録を取る、雑談する

- 社外で探す

例）マッチングサービス、イベント、コミュニティ

- プロボノで見いだす

例）NPO、二枚目の名刺、サービスグラント、ShareWorks、ACTiVO

ステップ2　ギブワークをする

- その仕事を通して、三つの蓄積を貯められるかが重要
- 自分が人生で大事にしていることや、何のために働くかを考えるキッカケになる

すべてのアクションに共通する三つの行動原理

第3章と第4章を通じて、ここまでライフピボットに必要な「三つの蓄積」を貯める六つのアクションをご紹介してきました。少し振り返ってみましょう。

「**①マッチングサービスを利用する**」では、充実したプロフィールを用意し、マッチングサービスを活用することで新しい人と出会う方法をお伝えしました。こうした出会いの積み重ねで自己紹介やコミュニケーションの「スキルセット」を身につけつつ「人的ネットワーク」を広げることができます。また、初対面の人から客観的な意見をもらうことで「自己理解」も深めることができます（P.139）。

「**②発信し続ける**」では、発信内容によって信用と信頼を積み重ねたり、旗を立てたりすることをお伝えしました。継続することで自分の記事を読んでくれる人たちとの「人的ネットワーク」が築かれますし、書くことで自分の感情や思考を客観視できるようになり「自己理解」も深まります。また、発信すること自体が「スキルセット」として身につけば、あらゆる場面で役に立つカードになります（P.156）。

「**③イベントに登壇する／主催する**」では、イベントの主催者とつながってイベントに登壇することや、イベントの運営に携わったり主催したりする方法をお伝えしました。イベントに参加するよりも登壇・主催することで「人的ネットワーク」が広がりやすくなるだけでなく、登壇のさいに話す内容を整理することで「自己理解」も深まります。また、イベントを開催すること自体が「スキルセット」として身につけば、様々な場面で人を集めてイベントを開催することができるでしょう（P.170）。

「**④コミュニティに参加する／主宰する**」では、自分に合ったコミュニティを探したり、積極的に参加したり主宰したりする方法をお伝えしました。コミュニティでは様々な交流の機会があるので、その機会を活かして「人的ネットワーク」を築くことができますし、多様な構成員との出会いが「自己理解」を深めてくれます。また、コミュニティのなかで未経験の役割にチャレンジすることで「スキルセット」も磨くことができます（P.192）。

「**⑤ギグワークをする**」では、単発の仕事を請け負ってみることで自分を試す方法をお伝えしました。ギグワークは報酬が発生するため率直なフィードバックが発注者から得やすくなり、「スキルセット」を磨く機会になります。また、報酬以上の価値を発注者に提供することが贈与となり「人的ネットワーク」が築かれていきます。ギグワークならではの経験が、「自己理解」も深めてくれます（P.210）。

「**⑥ギブワークをする**」では、タダ働きのニーズを見つけ、打席に立つ機会を増やしつつ、自分の提供価値を知っている人を増やす方法をお伝えしました。お金が介在しないため断られる可能性が低くなり、「人的ネットワーク」を広げ「スキルセット」を磨く機会が増えます。また、金銭的報酬以外の仕事の報酬について考えるキッカケとなることで、自分が何のために働いているのかを知り「自己理解」が深まることにもなります（P.224）。

これらのアクションを積み重ねることで「三つの蓄積」を貯め、来たるべきライフピボットに備えることができるのです。この章の最後に、これらの**アクションのすべてに通底する三つの行動原理**を押さえておきましょう。わたしたちが人生100年時代に半世紀以上働くVUCAな世界を生き抜く羅針盤になる考え方だと思います。

行動原理 ①やってみよう

ともかくやってみましょう。やらなければ、自分に向いているかどうかも、自分がそれを好きかどうかもわかりません。やる前にいろいろ考えるよりも、やってから考えるのがいいでしょう。自分に合わなかったり期待していた結果にならなければあとでやめればいいのです。気負わずに気軽にやってみましょう。

第1章でご紹介した計画的偶然性理論を覚えているでしょうか？　キャリアを決定する出来事の8割は偶然である、という理論です。提唱したクランボルツ教授は、よりよい偶然を呼び込む方法を五つの行動特性として整理していました。その行動特性とは好奇心、持続性、楽観性、柔軟性、冒険心です。その理論を信じるなら、行動を起こそうが起こすまいが、どちらも偶然の影響をまぬがれないでしょう。しかし、**よりポジティブな偶然が起きるのはどちらかと言えばきっと、「やらない」よりは「やってみる」を選択した場合**です。好奇心のアンテナで新しい機会を見つけ、なんとかなるだろうという楽観性とリスクを恐れぬ冒険心で行動を起こし、自分を変える柔軟性を持ちながらある程度続ける持続性を発揮する。そういうふうにやってみる人にこそ、ポジティブな偶然が舞い込むものです。

まずは週に1回、月に1回でも、新しいことをやってみましょう。たとえば、初めての飲食店に行ってみる、いつもと違う道で帰る、読む本のジャンルを変える、そういった小さな行動から変えてみるのです。そんなのカンタンだと思う人は、マッチングサービスに登録したり、SNSで発信を始めたり、イベント主催者に連絡を取ってみましょう。また、コミュニティに所属してみたり、ギグワークサービスに登録したり、NPOのプロボノの説明会に参加したりするのもいいですね。そうやって自分の「やってみる」スイッチを押し続けていけば、最終的には実際に新しい人に会って話したり価値提供したりしてみることができるようになるでしょう。**ライフピボットはそんな自分自身の小さな行動や変化の延長線上にある**のです。

行動原理 ② 改善しよう

ただ漫然とアクションを繰り返すのではなく、**毎回少しずつ何かを学び改善を重ねていきましょう**。たとえば、マッチングサービスでメッセージを送ったときの返信率が低ければ、送信する文章やプロフィール文を少し変えてみる。マッチングアプリで会った人と話が盛り上がらなければ、事前にその人の情報をアタマに入れておいたり、質問したいことを事前に考えておく。マッチングした人と会ったあとの連絡を忘れてしまいがちなら、タスク管理ツールやカレンダーにそのタスクを登録する。マッチングサービスの使い方一つとっても、こうした小さな改善の積み重ねが、時間をかけて効いてきます。1日一つ、自分のアクションを改善してみましょう。

発信した内容を振り返ってどんな投稿の反応がよかったかをチェックしたり、イベントに登壇したときに自分の話している様子を録画してあとで聞き直したりして、**振り返ることも重要**です。そこには必ず学び取れるものがあるはずです。また、自分で振り返るだけでなく、ギグワークやギブワークをした相手からのフィードバックを求めてみましょう。客観的な意見によって、自分では気がつけない改善点が見つかることがあります。

コンフォートゾーンの外へ

このように、改善点は無数に見つかるものです。もし改善点が見つからなければ、それは自分が「コンフォートゾーン」にとどまり続けていることを意味しています。このコンフォートゾーンという概念は、ミシガン大学ビジネススクール教授のノール・M・ティシー氏が提唱したものです。コンフォートゾーンはつまり、居心地のよい環境のこと。「こうしたらああなる」ということがわかっている慣れ親しんだ環境です。しかし、人はそこにいるだけでは成長は少なく、改善できるポイントもない。「スキルセット」も「人的ネットワーク」も「自己理解」もコンフォートゾーンではそのままで十分なので、それら「三つの蓄積」は貯まるはずもありません。ではどうすればいいか。わたしたちはこうした**コンフォートゾーンの外側にある環境にも身を置く必要がある**のです。

コンフォートゾーンの外には「ラーニングゾーン」「パニックゾーン」があり、その三つのゾーンは、同心円で表現されます。ラーニングゾーンとは、「こうしたらああなる」ということはわからず、「こうしたらどうなる？」という不確実性や緊張感のある不慣れな環境です。こういう環境で新しい人と出会ったり、新しい場に出向いたり、新しい機会を生み出したりすることで、わたしたちは学ぶことができます。こうした**ラーニングゾーンに飛び出す**ことが、六つのアクションに共通するポイントです。

ちなみにラーニングゾーンのさらに外にあるパニックゾーンは「どうしたらいい？」となってしまうような、いまの自分のスキルでは全く対応できない環境です。精神的な負荷も大きく、学ぶどころではなくむしろ自信を失ってしまうこともあります。六つのアクションにそれぞれステップを設定して説明したので、一つひとつ進めていけばパニックゾーンに入り込んでしまうことは避けられると思います。

最初はラーニングゾーンだった環境も、改善を重ねて適応すればコンフォートゾーンになっていきます。すると、コンフォートゾーンが外側に広がり、パニックゾーンだった環境もラーニングゾーンとして拓けていきます。こうして**ラーニングゾーンを広げることで活動に幅が生まれ、ライフピボットに必要な「三つの蓄積」も貯まりやすくなっていきます。**

行動原理 ③ギブしよう

アクションを通じて「三つの蓄積」を得ようとするときに、利己的な考え方ではうまくいきません。むしろ利他的に、**自分からギブするのが重要**です。ギブの結果として様々なものが得られ、かえって得をするのが世の中の面白いところです。たとえば、マッチングアプリでは相手に情報や機会を提供したり人を紹介することで、関係性を継続させることができます。また、役立つ情報を周囲の人に向けて発信することで、少しずつ信用を貯めていくことができます。また、イベントに登壇することやコミュニティを盛り上げることで、多くの人とつながることができます。それに、ギグワークでは報酬を超える価値提供を発注者にすることが重要でしたし、タダ働きのギブワークによって様々な機会を得ることができます。これらはすべてがギブの行為です。

ギブにお金をかける必要はありません。自分の時間を少し使えばできるギブがたくさんあります。自分にとってはささいなギブが、相手にとっては大きな意味を持ち、あとあと相手からお返しがあるかもしれません。たとえるなら、**時間を人的ネットワークに投資するようなもの**

図26　三つの行動原理　まとめ

①やってみよう

- やる前に悩むより、「やってから考える」くらいでいい
- 小さな行動から変えてみる
- 行動することで、よりポジティブな偶然が舞い込みやすくなる
- 六つのアクションを試してみる

②改善しよう

- 小さな改善を積み重ねる
- 振り返りをする
- ラーニングゾーンで改善を重ねることで、三つの蓄積を貯めやすくなる

③ギブしよう

- 見返りを求めず、自分からギブすることが重要
- 自分にとってはささいなギブが、相手にとっては大きな意味を持つ

です。リターンがどれくらいになるか、いつ返ってくるかはわかりませんし、もしかしたらリターンなんてない場合もあるでしょう。しかし、ギブをして誰かの役に立つこと自体が嬉しいものですし、ギブの行為で「人的ネットワーク」が広がったり「スキルセット」が磨かれたり「自己理解」が深まったりもします。見返りは期待せずに気長に構えましょう。

行動原理と蓄積、ライフピボットはループする

こうしたギブによって「三つの蓄積」が貯まれば、わたしたちはそれをまた別の誰かへのギブに使うことができます。ほかの二つの行動原理「①やってみよう」「②改善しよう」についても同様です。行動原理①に沿ってやってみるほどに「三つの蓄積」が貯まり、それがまた新たなチャレンジをやってみようと前向きになります。そして、行動原理②に沿って改善するほどに「三つの蓄積」が貯まり、それがラーニングゾーンを広げてさらなる改善の機会をもたらします。**「三つの行動原理」によって「三つの蓄積」が貯まり、それによって「三つの行動原理」が強化されていく。両者はループしている**のです。

そして、そもそも**「三つの蓄積」とライフピボットもまたループしている**ことを第1章で確認しました。「三つの蓄積」によってライフピボットが起き、ライフピボット後の新たな経験

図27　行動原理、蓄積、ライフピボットのループ

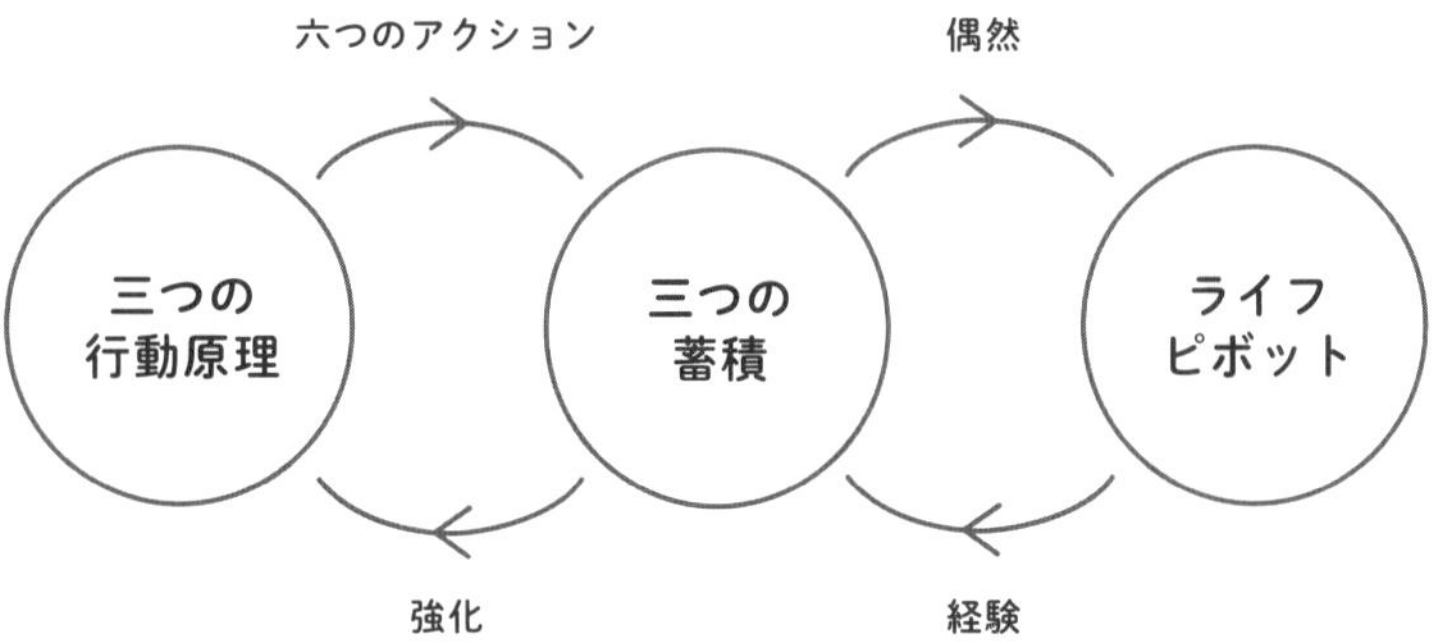

を通じて「三つの蓄積」が貯まっていく。
その様子を図示したものが図27です。

ライフピボットにまつわるこの2種類の無限ループの連なりこそが、本書で最も重要な図になります。日々の仕事や活動の場面では左側のループを常に回しておき、いざライフピボットをするときに右側のループが回ることになります。**この二つのループを止めない限り、わたしたちはいつでも何度でもピボットすることができる**のです。

コラム

先生時代の経験を活かしてなめらかなライフピボットを実現

三原菜央さんは、全国で専門学校や通信制高校などを運営する学校法人に、先生として8年間所属するところからキャリアをスタート。私立の学校だったため生徒を集める必要があり、先生が一致団結して広報活動もしていました。先生としての活動と広報活動は6：4くらいの割合。3年目には広報の責任者も務め、最後の1年間は大学の教壇にも立っていました。

当時の三原さんは先生こそ天職だと思っていたそうですが、葛藤もありました。学校は学生を社会に送り出す場でありながら、先生が社会のことをほとんど知らない。「このまま先生を続けるより、一度民間企業に入って社会経験の幅を増やしたほうがよいのではないか」と考え、転職活動を始めます。転職にさいしては先生と並行して身につけた広報の「スキルセット」が活きました。2社目、3社目とベンチャー企業で広報やマーケティングに関連するキャリアを歩んでいくことになり、その「スキルセット」を着々と積み重ねていきます。

ライフピボットの実践者

三《み》原《はら》菜《な》央《お》

株式会社スマイルバトン 代表取締役。iU客員教員。1984年岐阜県生まれ。大学卒業後、8年間専門学校・大学の教員をしながら学校広報に携わる。立ち上げ60名の専門学校を、広報責任者として5年間で10倍の600名まで拡大させ注目を集める。その後ベンチャー企業を経て、株式会社リクルートライフスタイルにて広報PRや企画職に従事。「先生と子ども、両者の人生を豊かにする」をミッションに掲げる「先生の学校」を2016年9月に立ち上げ、2020年3月に株式会社スマイルバトンを創業。著書に、『自分らしく働く パラレルキャリアのつくり方』（秀和システム）がある。

先生をしていたころは「先生なんだからちゃんとしなきゃいけない」という思い込みがあり自己理解は深まらないままでした。しかし、2社目に入ってから毎週「自分会議」という内省の時間を取り、自分の強みや好きなこと、どう生きていきたいかなどをノートに書き出していきました。その習慣はいまでも続いているそうです。こうして定期的に自己点検することも重要ですね。

自分会議による「自己理解」の結果、まずは広報の「スキルセット」を徹底的に磨いてみたい、という思いが明確になりました。2社目や3社目のようなベンチャー企業ではなく、大手企業を選ぶことで自分のスキルセットに集中できると考え、エージェント経由で株式会社リクルートライフスタイルの選考を受けることに。実は、その選考の過程で三原さんのなかに大きな発想の転換がありました。そのキッカケは、採用の担当者からのこんな一言。「三原さんの生きたい人生にこの会社が役に立てるなら、ぜひご一緒したい」。それまで、会社と個人は上下関係があると思っていましたが、個人が自分のやりたいことのために会社を活用することもできる。そんな対等な関係であると考えるようになりました。

それまでの広報「スキルセット」と、そのスキルセットを磨きたいという「自己理解」のおかげで、希望通り広報として採用された三原さん。本業にいそしむ傍ら、副業ＯＫの環境だったこともあり、さらなるチャレンジを始めます。まずは、本業と同じ広報の「スキルセット」を活かしたフリーランスとして業務委託の案件を受けるようになります。さらに、もともと先生をしていたこともあり、「やっぱり教育に関わることがしたい」と考え、副業として「先生の学校」を立ち上げたのです。

「先生の学校」は「先生と子ども、両者の人生を豊かにする」ことをミッションに掲げるコミュニティ。イベントや雑誌、そのほかの様々なコンテンツを通じて、教育について探求することができる場です。わたしも一度イベントに登壇させていただき、先生をされている参加者にフリーランスという働き方について解説しました。このインタビューをした２０２０年9月時点で「先生の学校」には８００人以上の会員がいるそうです。三原さんがかつて先生をしていたころに培ったプレゼンテーション能力やコミュニケーション能力といった「スキルセット」が、イベント開催やコミュニティ運営に役立っています。言ってみれば学校の教室も一つのコミュニティみたいなものだったわけで、その経験がコミュニティ運営に活きるのは当然かもしれません。それに加えて、教職時代に日本全国に教員の「人的ネットワーク」ができていたことも幸いし、コミュニティメンバーを集めやすい状況だったこともあり、「先生の学校」の主宰という副業を選択できたのです。

こうして、広報の業務委託やコミュニティの主宰といった副業を通じて、三原さんは本業だけでは得られなかった広く多様な「人的ネットワーク」を築くことができました。広報の業務委託では幅広い業種の人と、コミュニティの主宰では教育に関心のある人とつながることができたのです。そうして起業してやっていける蓄積と自信を得た三原さんは「先生の学校」に人生を賭けたいと思うようになり、２０２０年1月にリクルートライフスタイルを退職し、3月に株式会社スマイルバトンを創業。広報の「スキルセット」が、自社のプレスリリースを書くときや、自分の活動を広く知ってもらうための戦略に活きているそうです。

最初は副業だった「先生の学校」が、いまでは本業となっており、これはまさに第2章でお伝えした「なめらかなピボット」そのものです。もし仮に「先生の学校」がうまくいかなかったとしても、広報の業務委託で本業以上に稼いだこともあるので、いざとなれば広報で食べていけるという自信も起業を後押ししたそうです。過去の経験で「三つの蓄積」を貯め、それを活かしてなめらかにキャリアを転換する。まさにライフピボットの実践者です。

そんな三原さんに、次のライフピボットのイメージを聞いてみました。「わたしにとって、2社目と3社目で1年ごとに仕事を変えたりして、履歴書にバツがついてしまったと思った。でも、自己理解に向き合ったりスキルセットを磨いたり過去の人的ネットワークを大事にすることで、変わることができた。そんなふうに、いつでも人は変わることができる。だから、これからそういった変わりたい人を応援する生涯教育のようなサービスをやってみたい」。

そう語る三原さんの声には、これまでの経験の蓄積に裏打ちされた確信のようなものが感じられました。三原さんの次の挑戦はきっと「先生の学校」ならぬ「大人の学校」なのでしょう。

コラム

NPOと株式会社を運営する複業へとライフピボットした元・国家公務員

柚木理雄さんは、大学院修了後に農林水産省に9年間勤めるところからキャリアをスタートさせます。そこでは毎年のように部署が変わりました。二国間の国際交渉、貿易ルールの交渉、省内での仕分け、金融、農地、6次産業化ファンド、バイオマスなどに関わり、様々な経験をします。

そういった行政の仕事の傍ら、狭い世界にとどまっていてはいけないと思うようになり、異業種交流会へと足繁く通うようになります。もともと人と話すのが得意ではなかったこともあり、最初は誰とも話せず大苦戦。しかし、自己紹介のテンプレートを練り上げることで人と話すことが苦ではなくなり、「人的ネットワーク」が広がっていきました。自己紹介の重要性を改めて感じます。また、知り合った人と合コンに行くことで関係性を深めていたそうです。ちょっと意外な手法でしたが、知り合った人とのセカンドステップがあるとつながりを維持しやすいものですね。

ライフピボットの実践者

柚木理雄《ゆのきみちお》

京都大学を卒業し、同大学大学院を修了。2008年、農林水産省に入省。国際交渉や経理、金融、農地、官民ファンド、6次産業化、バイオマス等に携わる。2012年12月、NPO法人芸術家の村を創業し、理事長に就任。ソーシャル・ビジネスを創るシェアハウス、コワーキングスペース、レンタルスペース「Social Business Lab」や、エシカルブランドのセレクトショップ「エシカルペイフォワード」、ソーシャルボランティアプラットフォーム「CollaVol」などを運営する。2017年2月、株式会社Little Japanを創業し、代表取締役CEOに就任。地域と世界をつなぐゲストハウス「Little Japan」、月額定額で全国の登録ホステルに住み放題・泊まり放題になる「Hostel Life」、全国のゲストハウスの集まり「ゲストハウスサミット」などを運営。2019年4月、中央大学特任准教授に就任。

あるとき、国家として日本全体の発展を目指す計画に携わるなかで、予想もできない大きな出来事によって柚木さんの価値観は大きく揺さぶられます。それは２０１１年の東日本大震災です。以前にも神戸で阪神・淡路大震災を体験していたこともあり、「国家公務員としてではなく、個人として自分にもできることがないだろうか」と考えたそうです。

震災後の復興に活躍するＮＰＯに注目した柚木さんは、ＮＰＯの存在が日本でももっと必要になっていくだろうと思っていました。そこで柚木さんは副業で自ら「ＮＰＯ法人芸術家の村」を立ち上げます。それまで異業種交流会で築いた「人的ネットワーク」が活きて支援や仲間を集めることができました。また、国家公務員としての物事を進める段取りをしたり法律にまつわる文書を読み込んだりする「スキルセット」も役に立ちました。

芸術家の村ではまずは地元の祭に出店を出すことから始めますが、その後ある物件と出会い「Social Business Lab」を立ち上げます。Social Business Labは5階建てのビルで、そこにはシェアハウス、レンタルスペース、ショップが入っています。ショップもまた「エシカルペイフォワード」という事業で、オーガニック、フェアトレードなどのエシカルな商品を世界各地・日本各地から集めたセレクトショップです。

ほかにも芸術家の村はいくつか事業を展開しますが、その共通点は、社会問題を解決するために活動しているＮＰＯに対する支援です。つまりＮＰＯの支援をするＮＰＯなのです。具体的には、ＮＰＯが活動するための場や、支援者と接点を持つ機会を提供すること。そういった取り組みを通じて、ＮＰＯ界隈での「人的ネットワーク」が自然と増えていきました。また、ボランティアのメンバーと一緒にプロジェクトを進める経験を通じて価値観や想いでコミュニティを作る「スキルセット」も身についていきます。サイトを作ることから法務や会計まで、あらゆることを自分でやったことで、ゼロから何かを立ち上げる経験をすることができました。国家公務員としてやってきた経験が全く通用しない状況で謙虚になることができ、それがかえって原動力となっていたそうです。

ＮＰＯという小さな組織を運営する一方で、国家公務員の顔を持つ柚木さんは、行政による中央集権で全国一律のアプローチに疑問を抱いていたそうです。個人や地域がそれぞれ個性的で自律的な動きをして、それをお互いが尊重し合っている状況を作りたい。ＮＰＯの活動を通じて、その想いはより一層強くなっていきました。ＮＰＯのような小さな組織が必要な場所やタイミングに応じて公的な役割を果たすことで、自律分散型の社会に近づくかもしれない。それに加えて、リスクを取って新しい事業を始める民間企業の存在も重要だと考えるようになり、柚木さんは自ら起業することを選択します。

そして柚木さんは農林水産省を退省し、株式会社Little Japanを立ち上げます。こうしてＮＰＯと株式会社の二つを運営する複業の状態になったのです。会社としては、まずはLittle Japanという会社と同名のゲストハウスをオープン。その後、月額定額で全国のホステルに泊まり放題になるサービスである「Hostel Life」を立ち上げます。ＮＰＯをしていたころの「人的ネットワーク」から出資者が見つかったりLittle Japanを利用するお客さんになってくれたりしたことで、事業はスムーズにスタートできました。また、立ち上げのすべてを自分でやっていたＮＰＯのころの反省もあり、起業にさいしては作業を分担して立ち上げる方法を取ったのも功を奏したと言います。

その後、地域に根ざしたゲストハウスの運営をしていたことやHostelLifeの反響から、中央大学特任准教授のポストに声がかかり、そのオファーを受けることに。ある村の資源を活かして学生が事業を作るゼミのような取り組みを担当しているそうです。

さらに、これまでの活動の集大成として２０２０年９月にはシェア街というプロジェクトをスタート。シェア街は、シェアハウスに住む「住民」とそこに関わる「関係住民」の街。東京の浅草橋・両国・御徒町・日本橋にあるカフェなどのリアルな場所だけでなく、アプリ上にもコミュニティがあり、オンラインで住民になることができます。これまでコミュニティを作り、拠点を作り、人のつながりを築いてきた経験が、いまでは街を作るために活きています。ここでも、街や拠点の個性を活かし、尊重する自律分散型の街作りをしようとしているのだと感じました。国家公務員からライフピボットし、村や街に関わる生き方に転換した柚木さんの生き方に共感する人が、今日も彼のもとに集まり、新しいプロジェクトが生まれていることでしょう。

第5章

ライフピボットの先の先

選択肢がある状態に価値がある

これまでの章で見てきたとおり、ライフピボットは、わたしたちの人生に欠かせない考え方になるでしょう。なぜなら、人生は長期化する一方でライフスタイルは短期化しており、わたしたちは生涯でいくつもの生き方や働き方を経験することになるからです。

経験を通じて「①価値を提供できるスキルセット」「②広く多様な人的ネットワーク」「③経験によるリアルな自己理解」という「三つの蓄積」を貯めながら、常にライフピボットに備えている状態が理想です。仕事だけでそれらを貯めるのが難しそうなら、先述の「六つのアクション」や、それらに共通する「三つの行動原理」を導入して補う必要があります。また、ライフピボットを阻害する「三つの欠如」を取り除く工夫もあわせてしておきましょう。

働き方改革が叫ばれるようになって以降、働き方についての議論は、働く「時間（長時間労働など）」や「場所（リモートワークなど）」にフォーカスされています。しかし、それよりも重要なのが、その働き方で**「三つの蓄積」を貯めて「三つの欠如」を解消できるかどうか**なのです。そのような蓄積に偶然が重なることで、ライフピボットが実現するということは、計画的偶然性理論を引用して確認したとおりです。キャリアの8割が予想もしない偶然によって決定されるのであれば、わたしたちはよりよい偶然が起こりそうな環境に身を置く必要があるでしょう。

「三つの蓄積」があれば、それらを使って隣接可能性を見いだすことができます。自分が歩んできたキャリアとそこでの蓄積があってこそ選べるのが隣接可能性であり、この隣接可能性が広がっている状態が健全なキャリアだと言えます。何一つ選べる隣接可能性がなければ、それはキャリアの行き止まりで、そこに居続けることを強制されてしまいます。**選択肢がある状態に価値がある**のです。

そのような選択肢の広がりを直感的にイメージするために、ハニカムマップというツールをご紹介しました。わたしたちは、六角形のマスで埋め尽くされた盤面にいて、隣接するマス

（隣接可能性）に向けて移動（ライフピボット）を繰り返すのです。これと対比すれば、かつての昭和から平成にかけての人生は一本道のスゴロクだったと言えます。**生き方も価値観も多様化しつつある令和の時代には、ハニカムマップのような自由度の高い人生観がふさわしいのではないでしょうか**。選択肢の多さに加えて、マスの移動の仕方にもバリエーションがあります。スパッと切り替えるように移動することもできるし、マスとマスの境目にとどまって両方のキャリアを同時に体験する複業もできる。複業では金銭以外の報酬も含めた「八つの報酬」のバランスを取りながら、じっくり時間をかけてライフピボットをすることができます。

このようなライフピボットを繰り返すことで、自分だけの軌跡が描かれていきます。それは誰のものとも似ていない、唯一無二のものです。では一体、わたしたちはライフピボットを繰り返すことで、どうなっていくのでしょうか？　最終章となる本章では、様々な経験と蓄積によって拓かれる働き方について、未来像を示しておきたいと思います。

ライフピボットを繰り返したその先の「四つのO」

ライフピボットは「三つの蓄積」によって実現されます。だとすれば、ライフピボットを繰り返すことで様々な「スキルセット」「人的ネットワーク」「自己理解」が蓄積されていくでしょう。そこで、それぞれの蓄積が増えることによってどんな働き方が選択できるようになるのかを考えてみましょう。以下に「オクトパス型」「オーガナイズ型」「オプティマイズ型」「オリジナル型」という四つのOで始まるタイプに分類してみましたので、ご紹介します。

スキルセットを活かした「オクトパス型」

オクトパス（Octopus）型キャリアは、**経験で蓄積したたくさんのスキルセットを活用して様々な仕事を同時に手掛けるキャリア**です。複業の進化系とも言えるでしょう。「二足のわらじ」どころではなく、「八足のわらじ」もしくはそれ以上の「N足のわらじ」です。たとえば、アプリ制作会社をやりながら飲食店をやりつつ、書道家や歌手としても活動し、NPOの運営にも携わる、ということもできるでしょう。オクトパス型キャリアの人にとって、すべての仕事はプロジェクトです。一定期間の実践を経て、また別の仕事を手掛けます。この繰り返しによってさらにスキルセットを蓄積していくことができるのです。その様子はまるで、**ハニカムマップの盤面を八本足のタコが歩き回っているよう**です。

そんなキャリアでは一つのスキルを磨くことができずに、すべてが中途半端になってしまうと思うかもしれませんが、そんなことはありません。むしろ、短期間でもどっぷりハマってみることで、誰よりも早くスキルを習得することができるでしょう。重要なのは、自分がハマれるかどうか。それはやってみないとわからないので、いろいろなことを試す好奇心や冒険心がある人が向いているでしょう。

キャリアの伸ばし方

最近では、やりたいことを実現するためのツールが揃っているので、それを使いこなすことで一定期間でプロレベルのアウトプットを出すことができるようになっています。たとえば、動画編集ソフトを使うことで、かつてはプロにしか作れなかったレベルの映像が素人でも作れるようになってきています。そして、ＡＩを活用して動画にぴったりの音楽をつけるサービスなどもあります。

もちろん、それだけを突き詰めたプロには敵いませんが、自分の興味がある領域だけに絞って活動すれば競合も少なく、すぐにトップレベルになれる可能性があります。動画制作の例で言えば、「ライブ配信に特化する」「カップルの撮影に特化する」「ドローンで撮影した映像に特化する」といった絞り方があるでしょう。

事業戦略の一つに「ニッチ戦略」というのがありますが、それと同じことです。ニッチとは市場のスキマのこと。スキマを狙うことで、ナンバーワンもしくはオンリーワンになることを狙うのです。わたしはフリーランス研究家としても活動していますが、それもニッチ戦略です。働き方について研究したり発信している人はたくさんいますが、フリーランスというニッチに特化することで競合が減り、活動しやすくなっています。

それでも、その仕事で食べていけるかどうかは事前にはわかりません。タコ足でいろいろな仕事をやってみても、どれもうまくいかなかったら食べていくこともままなりません。では、どうすればいいのでしょうか？　コツは、**手堅い仕事とチャレンジングな仕事をブレンドする**ことです。2割くらいは手堅く稼げる仕事にしておき、残りの8割をチャレンジに使うのです。こうすることで、生活のためのお金は確保しつつ、様々な挑戦ができます。

こうして、オクトパス型キャリアは、自分のスキルセットを活用して好きなことを好きなだけやることができます。好奇心旺盛な人は目指してみてはいかがでしょうか。

人的ネットワークを活かした「オーガナイズ型」

オーガナイズ（Organize）型キャリアは、**経験で蓄積したたくさんの人的ネットワークを活用して、人をつないでいくキャリア**です。様々な垣根を超えて人をつなぐことで、新しい仕事やプロジェクトを生み出します。たとえば、同じ業種や職種の人を集めてイベントやコミュニティを立ち上げたり、異なる業界の人をつなげてコラボレーションを促したり、といったこともできるでしょう。人材紹介や営業代行のような事前の契約で、人をつなぐこと自体を仕事にすることもできるでしょうし、人をつないだことで生まれるプロジェクトにみずから参画することで仕事にすることもできます。

生み出したつながりが有益なものであればあるほど、そのつないだ人たちと自分の関係も信用によって深まります。また、そうして生まれたプロジェクトに参画することができれば、共同作業のなかで信頼関係も生まれるでしょう。こうして、**人的ネットワークを活かして人をつなぎ、その過程でさらに人的ネットワークを広げることができる**のが、オーガナイザー型キャリアの特徴です。

キャリアの伸ばし方

そんなにたくさんの人のつながりを維持できるのかというと、一定の限度はあるでしょう。実際に、イギリスの人類学者であるロビン・ダンバー氏は、人間が安定的な社会関係を維持できるとされる人数の上限を推定しました。霊長類の脳の大きさと平均的な群れの大きさとの間に相関関係があるそうで、人間の脳のサイズから推定されたその数字は150人程度であるとされており、この数は「ダンバー数」と呼ばれています。

つまり、どれだけたくさんの人と出会っても、維持できる人間関係は150人程度なのです。しかし、持続的ではないにしても、記憶に残っている相手であれば関係性を再構築することはできます。そういった比較的つながりの弱い人間関係も含めれば、わたしたちが活かせる人的ネットワークのサイズはもっと大きいはずです。それに、人間の記憶に頼る必要もありません。SNSでつながっておき、必要に応じて自分はこれをやりたいのだと表明し旗を立てて募集することができれば、それもまた活用可能な人的ネットワークと言えるでしょう。さらに、これまでに会った人をリスト化しておき、検索できるようにしておけば、数千人から数万人の人的ネットワークでも活用できる可能性もあります。

オーガナイザー型キャリアで重要なのは、定期的につながりのある人とコミュニケーションを取り、ニーズをヒアリングすることです。彼らのニーズがわからなければ、適切に人をつなぐことはできません。ニーズに合った人を紹介したり、同じニーズを持つ人を集めてコミュニティ化したりすれば、そこに価値が生まれます。

人と人をつなぐことは一時的ですが、コミュニティを作っていくことは持続的な取り組みです。人的ネットワークを活かす上では、この両方のバランスを取ることが重要でしょう。**短期的には人と人とをつなぐことで、長期的にはコミュニティを作って報酬を得る**。こうしたバランスが安定感につながります。

こうして、オーガナイザー型のキャリアでは、自分の人的ネットワークを活用して好きな人のために、もしくは好きな人と一緒に仕事をすることができます。人と関わることに喜びを感じる人は目指してみてはいかがでしょうか。

自己理解を活かした「オプティマイズ型」

オプティマイズ（Optimize）型キャリアは、**経験で蓄積した深い自己理解を活用して、自分に最適な働き方を実現するキャリア**です。オクトパス型とオーガナイズ型のキャリアは、より多くのスキルセットや人的ネットワークに向けて発散的に動いていくイメージでしたが、オプティマイズ型は逆に収束的な動きをします。不要なことは捨て去り、自分の幸福のために必要な最低限の要素を残すのです。必要最小限の持ち物で生活するミニマリストというライフスタイルがありますが、それをキャリアの面で実践するようなイメージです。

自分が欲しいものがわかっていれば最低限必要な稼ぎもわかるため、一定以上働く必要はないでしょう。長時間労働とも無縁です。自分が働きたい分だけ働いて、それ以外の時間は余暇として充実した時間を過ごします。家族と過ごしてもいいし、ひとりで読書したり友人とキャンプに行ったりと、自分の幸福に必要なもののために時間を使うのです。

キャリアの伸ばし方

第2章でご紹介した、幸福に生きるために必要な五つの因子の頭文字を取ったＰＥＲＭＡモデルを覚えているでしょうか？　自己理解が深まっていれば、自分の幸福のために重要な要素もわかっているはずです。もし、ポジティブ感情（Positive emotion）が重要であれば、楽しいことや面白いことをやればいい。没頭（Engagement）が重要であれば、没頭できることをやればいい。このように、自己理解が深まっていれば、何をやるか迷うことも少なくなります。

ただし、**必要最低限のことをするにしても、その後のライフピボットに備える気構えは忘れ**

てはいけません。オプティマイズ型キャリアの人は、三つの蓄積を貯めるための動きも、仕事での経験やその他の六つのアクションを必要最低限だけ組み合わせて最適化できるでしょう。

ライフピボットを繰り返した先にある「未来の働き方」として紹介するにはあまりに地味ですが、こうした地味な働き方も、自己理解があってのことです。地味でも、本人はそれでいたって満足なのです。多くの人にとっての理想の働き方というのは、こうしたシンプルなものなのかもしれません。

こうして、オプティマイズ型キャリアは、自己理解を活用して最適な時間の使い方をすることができます。内向的・内省的な人は目指してみてはいかがでしょうか。

三つの蓄積を統合した「オリジナル型」

オリジナル（Original）型キャリアは、**「三つの蓄積」を総動員して実現する、他の人には真似できない自分だけのキャリア**です。真似できないのは当たり前で、その人のピボットの軌跡が、そのオリジナリティを生み出しているのです。そのバリエーションは多種多様です。

実際、わたしはこれまでたくさんのオリジナル型キャリアの人たちと出会ってきました。そういった人に会うたびに「こんな働き方があるのか」と驚かされます。

彼らは、一般的なクラウドソーシングサービスに登録しようとしても該当の職種項目がないため「その他」として登録することになります。このようにマイノリティであるため、インフルエンサーでもない限りあまり知られることはありません。そんなオリジナル型キャリアの人たちを世の中に紹介しようと、何度かイベントを開催したことがあります。その目的は多様なキャリアを参加者に伝えること。それで「もっと自分らしいキャリアを選ぶことができるかも！」と思って行動する人が少しでもいたら嬉しいなと思ったのです。

イベントのタイトルは「あたらしいおしごと図鑑」。2018年11月と2019年11月に開催し、どちらも盛況でした。企画をご一緒させていただいたのは河原あずさん。

河原あずさんはあらゆる場で人をつなげる機会をプロデュースし続けている方で、「コミュニティ・アクセラレーター」という肩書きで活動しています。この肩書きもユニークで、彼自身がオリジナル型キャリアです。当時は「東京カルチャーカルチャー」でイベントをプロデュースされていましたが、2020年春に独立し、ギルド制のチーム「Potage」を立ち上げて活動されています。

そんな河原あずさんとご一緒した「あたらしいおしごと図鑑」というイベントには、多様なゲストが集まってくださいました。以下に彼らの肩書き（イベント当時のもの）を載せておきます。

妄想工作家／おもちゃクリエイター／恋愛アドバイザー／ラクガキコーチ／合戦コンサルタント／複業起業家／出張スナックのママ／Podcastプロデューサー／越境フリーランス／ホームレスバーテンダー／先生の学校 主宰／ゲストハウス「Little Japan」オーナー／働き方デザインコーチ／ドローンパイロット／job★mixer／Chief Culture Officer（CCO）／うどんアーティスト／日本一ご縁を結ぶ、出張バーテンダー／稀人ハンター／国歌ジュークボクサー

どのゲストの肩書きも個性的で、この肩書きを眺めているだけでもなんだかワクワクしてきます。ここから3人ピックアップして、どのようなライフスタイルの転換を経ていまの肩書きで活動するようになったのか、ご紹介します。

おもちゃクリエイター：高橋晋平さん

1人目は「おもちゃクリエイター」の高橋晋平さん。累計３００万個以上売り上げた玩具「∞（むげん）プチプチ」の生みの親、と紹介されることが多い方です。いまではおもちゃを自ら企画して販売したり、おもちゃ開発で身につけたアイデア発想のワークショップを開催したり、あそびの発想で企業ＰＲを支援したりと、多岐にわたりユニークな活動をされています。玩具メーカーに勤めていたころに高橋さんはおもちゃ開発の基本に気づいたそうです。それは、「アイデアの面白さ」と「売れる」ことの両立。そうした知見やメーカーでの様々な経験が蓄積となり、独立起業というライフピボットを経て自分にフィットするおもちゃクリエイターという活動に至ったのです。

国歌ジュークボクサー：本間健太郎さん

2人目は「国歌ジュークボクサー」の本間健太郎さん。世界中の国旗が描かれたファッションで登場しました。その肩書きと見た目からの期待を裏切らず、本間さんは世界中の国歌を歌うことができます。実際に国歌の暗記を始めたのは2003年のころで、そこから十数年経ってようやく国歌ジュークボクサーとして本格的に活動されています。そのあいだに映画制作会社や淡路島への移住と農業、パフォーマンスグループといった各所で経験を積み重ねたそうです。そういった経験が蓄積となり、現在の国歌ジュークボクサーへのライフピボットが実現したのだと思います。

うどんアーティスト：小野ウどんさん

3人目は「うどんアーティスト」の小野ウどんさん。熟練された職人技をベースとした、音に合わせた手打ちライブパフォーマンスをしているうどん打ち師です。複数の店舗で3年間修業してから独立し、他の誰もやっていないスタイルを模索。学生時代にバンドをやっていたこともあり、音楽に乗せてうどんを打つスタイルにたどり着いたそうです。こうして誰も真似できない小野ウどんさんならではの魅せるうどん打ちが生まれました。このうどんアーティストという活動へのライフピボットも、うどんの修業とバンドでの音楽経験が蓄積となり実現した例と言えます。

◆　◆　◆

ほかにも魅力的なゲストばかりで紹介しきれないのが心苦しいですが、「あたらしいおしごと図鑑」のイベント当日はゲストのみなさんが実現した多様なライフピボットの軌跡がシェアされる素晴らしい場となりました。参加者からは「あんな生き方があるんだ、と発見ばかりでした」という声をいただき、心のなかでガッツポーズしたのを覚えています。

わたし自身も、このイベントを開催することで、キャリアが実に多様であること、ライフピボットには蓄積が必要であることを再認識しました。**オリジナル型キャリアの人たちは、いきなりユニークな肩書きで活動し始めたのではなく、それ以前の蓄積があったからこそ、偶然をつかみ、その肩書きにピボットできた**のです。

少しずつ改善し、次のピボットに備える

元号が令和に変わり、昭和や平成を過去として振り返ることができるようになりました。こうした新しい時代の節目にこそ、わたしたちには新しい人生観やキャリア観が必要ではないか。そういった思いでライフピボットについてお伝えしてきました。一般的なキャリア論にくらべて長期的に適用できて、かつシンプルなものをご提示できたと思います。即効性はありませんが、長い目で見たときに役立つ考え方をちりばめてみたつもりです。

令和という新しい時代の幕開けは、決して明るいものではありませんでした。本書でも何度か言及したCOVID-19の蔓延による社会への打撃は大きく、たくさんの人の生活に影響を与え続けています。本書執筆時点（2021年1月）で世界の死者数は200万人を超え、各国の対立や分断が激化し、企業の業績は低迷。そして一人ひとりの経済的状況や精神衛生は悪化

しつつあります。

しかし、です。この本の読者であるみなさんは、経験の重要性を知っています。わたしたちはこのコロナ禍で、強制的ではあるものの新しい日常や新しい働き方についての試行錯誤を重ねることで、スキルセットを磨いてきました。また、ソーシャルディスタンスを保ちながら、オンラインで様々な人がつながり、助け合うことを通じて、それまでとは異なる「人的ネットワーク」を築いてきています。そして、自宅待機で考える時間が増えたり、困難な状況に向き合ったりする過程で、自己理解が深まったのではないでしょうか。

このように、ネガティブなこともポジティブなことも、すべてはひとしく「経験」です。酸いも甘いも飲み込んで、自分の血肉にすればよいのです。何が起きても、そこから学び取り、未来につなげる発想を忘れないでいることが大切です。そう思えれば、「困難」だと思える場面も「挑戦」と捉えて前向きに取り組めるかもしれません。また、「失敗」してもそれは「実験」の結果として受け入れることができるでしょう。

そういった経験による蓄積を、いつ、どのように活かすのかは、みなさん次第です。ライフピボットのタイミングと理由は人それぞれですから。それは数ヶ月後かもしれないし、数年後かもしれない。しかし、あまり先送りしないほうがいいと、わたしは思います。たとえば、定年退職後に初めてのライフピボットをすると想像してみてください。それは不可能ではありませんが、心理的なハードルが高いでしょう。小さな変化を避け続けることが結果的に、あとで大きな変化をせざるを得ない状況に自分を追い込むことになりかねないのです。ですから、いまからでもこまめにライフピボットを経験しておき、年齢に関係なくできるようになっておきましょう。

そのピボットがうまくいくかどうかを心配する必要はありません。8割は偶然で決まるのですから。わたしたちが残りの2割でできることは、経験を味わい尽くすことです。経験から三つの蓄積を貯めましょう。そして、三つの行動原理でお伝えしたように、まずはやってみて、少しずつ改善し、誰かにギブしてみましょう。そうやってまた次のライフピボットに備えるのです。こうした経験による蓄積とライフピボットのループを繰り返すうちに、いまここでやっていることが常に自分の未来につながる感覚がつかめると思います。そうすれば、あらゆることに意味を見いだすことができ、前向きに楽しんで取り組むことができるようになるはずです。そして、ライフピボットの行き先は誰にもわかりません。だからこそ面白いのだと思います。みなさんのライフピボットの軌跡が、いつかわたしのそれと交差するときを楽しみにしています。

コラム

旗を立て、出会いから仕事やプロジェクトを生み出す「働き方の伝道師」

国内最大の〝働き方の祭典〟であり最近では海外でも開催されている「Tokyo Work Design Week（以下ＴＷＤＷ）」のオーガナイザーとして知られる横石崇さん。4年前にも一度インタビューさせていただいていて、その後も何度もＴＷＤＷに登壇させていただいたりとご縁はあったのですが、二人でゆっくり話すのは久しぶりでした。4年前の当時は「&Co.（株式会社アンドコー）」を起業されたタイミングで、それこそが横石さんにとっての一番のライフピボットだと思っていたのですが、今回のインタビューで実は別の時期に大きなピボットがあったことを知りました。

横石さんは、クリエイティブで面白い人たちと仕事がしたいとテレビ局グループ会社に入社し、そこで身につけた企画制作の「スキルセット」を活かして広告会社に転職します。その2社目では、広告のプランニングをするプロデューサーとしてデジタルメディアに携わります。そして20代後半で役員となり、50人ほどの部下を持ち、多額の予算を使って数千万人に情報を届ける大きな規模の仕事に万能感を持つようになります。しかし、このころに東

ライフピボットの実践者

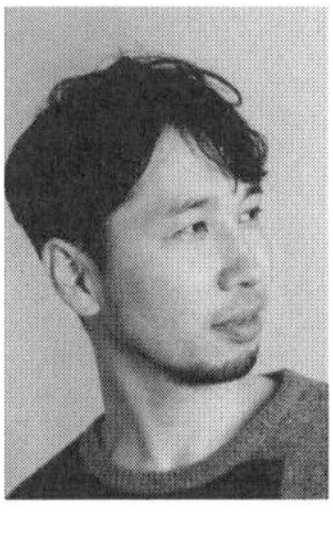

横《よこ》石《いし》崇《たかし》

&Co.代表取締役。「Tokyo Work Design Week」オーガナイザー。1978年、大阪市生まれ。多摩美術大学卒業。広告代理店、人材コンサルティング会社を経て、2016年に&Co.（株式会社アンドコー）を設立。ブランド開発や組織開発を手がけるプロジェクトプロデューサー。国内最大規模の働き方の祭典「Tokyo Work Design Week」では、のべ3万人を動員した。鎌倉のコレクティブオフィス「北条SANCI」支配人。法政大学キャリアデザイン学部兼任講師。

日本大震災が起き、その状況下で「僕は何もできないんだな」と痛感したそうです。この震災の経験が横石さんの万能感を根底から揺るがし、無力感に打ちひしがれることになります。たしかに、被災し困っている人たちに向けてデジタルメディアができることはほとんどありません。

また、それまでに広告のビジネスモデルに10年間浸ってだいたいのことは経験し理解できたことから、区切りのタイミングだと感じていたそうです。近いうちに次は広告以外のビジネスモデルにチャレンジしたいと考えていたそのタイミングに震災での心境の変化が重なり、広告会社の役員から退くことに。広告に携わる人にとって憧れの会社で役員をしていた横石さんの退職に理解を示さない人も多かったそうですが、意志を貫き退職。その後、人材紹介会社を業界に詳しい仲間と共同創業します。

デジタルなメディアで数千万人を動かす広告ビジネスから、アナログな対面でのコミュニケーションによって一人を動かす人材紹介ビジネスに転換。これが、大きなライフピボットだったと言います。もともとクリエイティブな人たちが好きな横石さんは、人材紹介業の対象としてもクリエイティブなハイクラス人材を選びます。事業を進めるうえで広告業界で身につけたマーケティングやアイデア創出の「スキルセット」が活きたそうです。人材紹介業では、人と会い続け、「人的ネットワーク」を広げながら、企業のニーズに合った人材を紹介してマッチングさせる日々が続きます。クライアント企業から組織の悩みを聞く機会も増え、組織マネジメントについての「スキルセット」も身についていきました。

しかし、そんななか横石さんは、転職した人の年収の3割をもらうという人材紹介業のビジネスモデルそのものに違和感を覚えるようになります。自分がやっていることは価値を移動させているだけであって、価値を生み出してはいないんじゃないか。また、広告業界と同様に人材業界も、システムや商習慣のなかで動くことしかできないため、さらに違和感は強くなっていきます。まるでお品書きから料理を選ぶように、システムによって決められたなかでしかビジネスを進められない。それなら自分がやらなくてもいいんじゃないか。そうして「自分がやりたいのはシステムの外で新しいモノゴトを生み出すことだ」という「自己理解」に至ります。

人材業界で新しいモノゴトを生み出すには、人材業界そのものや働き方の既成概念を打ち壊さなければならない。そのために、横石さんはいま最前線で活躍している個人や悩んでいる個人のことをもっと知りたいと思うようになります。彼らは一体どんな働き方をして、どんな未来を描いているのか。前職の広告業界で扱っていたデジタルメディアとは真逆の、顔の見えるアナログなイベントを開催しようと思い立ち、企画されたのがＴＷＤＷでした。

ＴＷＤＷは「新しい働き方」や「未来の会社」にまつわる1週間のイベントです。２０１３年から毎年開催されており、国内外でのベ3万人以上が参加するアジアを代表する「働き方の祭典」になりました。毎回多数の変革者が集まり、トークやワークショップが開催されます。このイベントの企画にあたっては、広告業界で身につけたモノゴトをキュレーションもしくは再編集する「スキルセット」や人材紹介業で身につけた組織に関する「スキルセット」が役に立ち、登壇者や参加者はそれまでのクリエイティブ人材との「人的ネットワーク」からも集まったそうです。

ＴＷＤＷを主催することで多数の登壇者や参加者と「人的ネットワーク」が築かれたそうですが、その性質が広告業界にいたときとは全く違うことに横石さんは気がついたそうです。広告業界にいたころのことを聞いてみると「当時は名の知れた広告会社のカンバンと役員の肩書きに人が集まってきただけで、いまではそのつながりはほとんど残っていない」とのこと。逆に、ＴＷＤＷを開催して個人として旗を立てるようになってからは、自然と旗に人が集まるようになったのだそうです。そして、カンバンや肩書きを外した「個人」としてのつながりは長く続いている。つまり、自分が何をしたいのかという「自己理解」をして旗を立てることが、長続きする「人的ネットワーク」が自然に形成されるために重要なポイントなのですね。

こうして横石さんは、ＴＷＤＷを通じてよい旗の立て方という「スキルセット」を身につけ、クリエイティブで面白い人たちとの「人的ネットワーク」が広がり、そういった人たちと新しいモノゴトを生み出すことが好きだという「自己理解」に至ります。

その後、横石さんは「&Co.」という一人会社を新たに立ち上げます。その理由は、「システムのなかでスケールを大きくしていくビジネスに向いていない」と気がついたからだそうです。広告業界や人材業界での経験や、ＴＷＤＷを通じて個人の働き方と向き合ってきたからでしょう。目標も計画も立てず、会社もコンパクトにして、小さいからこそできることをやっているそうです。

ちなみに、「&Co.」の社名の由来は、Tiffany & Co.の「&Co.」が「(ティファニーさんと)その仲間たち」という意味であることと同じように、誰かにとっての一人目の仲間でありたい、という想いを込めているとのこと。そのため、組む相手次第で仕事の内容も変わる。うつわのような会社です。

システムの外側で、スケールが小さくとも新しい取り組みを通じて社会を変えていく活動かどうか、自分が関わる意味があるかどうか、といった観点で、一緒に仕事をするかどうか決めているそうです。そして、組む相手によってやることもガラッと変わりますし、思いがけないつながりも増えてきているそうです。

また最近では北条SANCIというコレクティブオフィス（招待制のシェアオフィス）も手掛け、支配人として運営しています。キッカケは、クリエイティブ系の仲間たちとの雑談で話題にのぼることのある「オフィスは要るんだろうか？」という問いだったそうです。これから働き方が変わり、プロジェクトごとに人が集まっては解散するジョブ型の働き方が当たり前になる可能性があるときに、オフィスの役割はどうなるんだろう。それを実験するために鎌倉で物件を探し、入居企業を募ってスタートしたそうです。これもまた働き方にまつわる実験の一つで、横石さんらしい旗の立て方ですし、その旗に人が集まるのもまた横石さんらしいなと思います。

インタビューを振り返ってみると、自分の価値観や直感、違和感といった「自己理解」にしっかり向き合ってきたのだと感じます。また、「スキルセット」としては特に旗を立てることを重視し、それをイベントや仕事作り、場作りを通じて体現しています。「自己理解」が深まれば深まるほど、よい旗が立てられるようになり、そこに人が集まるようになるのです。インタビュー中にふと発せられた「人のつながりは作るものではなく生まれるもの」という言葉に、旗を立てる重要性が凝縮されているような気がしました。

『これからの僕らの働き方』（早川書房／２０１７年）や『自己紹介２・０』（KADOKAWA／２０１９年）といった著書も出版し、連載を持ち、大学で授業を受け持つようになった横石さん。これからも多彩な仲間と様々な旗を立て、働き方の未来を作っていくのでしょう。横石さんの次のライフピボットがどんなものになるか、楽しみです。

おわりに

ライフピボットとは、未知の世界に足を踏み入れることです。それまでの生き方や働き方を変えることになり、不安もあるかもしれません。だからこそ、わたしたちにはその準備として、経験の蓄積が必要です。過去の自分が踏み固めてきた足場があるからこそ、新しい一歩を踏み出すことができるのです。

本書では、生涯使える一貫した考え方として、こうしたライフピボットというコンセプトをお伝えしてきました。重要なことは、この考え方をアクションに落とし込むことです。すぐに効果が見えないかもしれませんが、小さな行動の積み重ねが1年後に大きな違いになっているはずです。

本書は、多くの人の協力によって完成しました。これまでキャリアの相談を持ちかけてくださったみなさんとの対話のおかげで、ライフピボットという考え方の基礎が自分のなかに築かれていました。とくに、議論メシのみなさんはユニークなキャリアの方が多く、いつもアタマのなかでみなさんの生き方をイメージしながら執筆を進めていました。また、インタビューをさせていただいた押切加奈子さん、岩本友規さん、三原菜央さん、柚木理雄さん、そして横石崇さん。ライフピボットの実践者であるみなさんのお話を聞きながら、そのコンセプトに確信が持てるようになりました。今後の活動でも、ご一緒できることがあれば嬉しいです。そして、編集担当の今村享嗣さん、遠山怜さん。企画自体が「ピボット」したりと、不慣れなわたしに執筆活動や構成へのアドバイスをいただけたからこそ、本書を書き上げることができたと思っています。

それと、妻の愛深。あなたの存在がわたしの力になりました。これまでのライフピボットに満ちた人生も、あなたというパートナーがいたから歩むことができたのだと思います。

最後に、ここまで読んでいただいた読者のみなさんにも感謝しております。本は読んでもらって初めて意味を持つと思うからです。そんなみなさんにここで一つお願いがあります。ライフピボットというコンセプトはまだ未熟で、これからもブラッシュアップが必要です。なので、この本を読んだ感想をぜひ教えてください。SNSでシェアしていただいたものはできる限りチェックしてお返事したいと思っています。投稿のさいに「#ライフピボット」というハッシュタグをつけていただけると見つけやすいです。また、本書に登場するハニカムマップを使ったワークショップやトークイベントなども開催できればと思いますので、ご興味ある方はメールでご連絡ください。

連絡先：chlorine0528@gmail.com

この本をキッカケに、またたくさんの人と対話ができたら嬉しいです。

2021年1月 黒田悠介

黒田悠介（くろだ・ゆうすけ）

2004年東京大学理科一類で入学するも、心理学に関心を持ち文学部に転籍。2008年東京大学文学部卒業。その後2社のベンチャー企業を経て2011年に起業、2年弱で代表を交代し2012年にスローガン株式会社にジョイン。キャリアカウンセラーとして2年間で数百人の就活生とキャリアについて対話するなかで、思考を言語化する面白さや課題解決への効果を実感。2015年8月にフリーランスとして独立し、ディスカッションパートナーという職業を名乗り支援した企業は約100社。2017年には行き過ぎた「個の時代」の反動として「コミュニティの時代」を直感し、2月にフリーランスコミュニティのFreelanceNowを、11月には議論でつながるコミュニティの議論メシを立ち上げる。議論メシのメンバー数は200人。様々なテーマと参加者で、毎月20回ほどの議論イベントを開催している。これまで開催されたイベントは300回以上で延べ参加者数は6000人以上。コラボレーションの相手はスタートアップ、大手企業、行政、コミュニティなど多岐にわたり、約120団体に及ぶ。

【スタッフ】

カバーデザイン	山之口正和（OKIKATA）
本文デザイン	山之口正和 + 沢田幸平（OKIKATA）
カバーイラスト	海道建太
著者エージェント	株式会社アップルシード・エージェンシー
校正	玄冬書林
DTP制作	柏倉真理子
デザイン制作室	今津幸弘
編集協力	遠山怜
編集	今村享嗣
編集長	柳沼俊宏

購入者限定特典　ハニカムマップ

以下のURLまたは下記枠内のQRコードからハニカムマップのPDF版をご利用いただけます。

https://book.impress.co.jp/books/1120101063

※「特典」のページに進み、画面の指示に従って操作してください。

※特典のご利用には、無料の読者会員システム「CLUB Impress」への登録が必要となります。

※本特典の利用は、書籍を購入していただいた方に限ります。

●商品に関するお問い合わせ先
インプレスブックスのお問い合わせフォームより入力してください。
https://book.impress.co.jp/info/
上記フォームがご利用いただけない場合のメールでの問い合わせ先
info@impress.co.jp

●本書の内容に関するご質問は、お問い合わせフォーム、メールまたは封書にて書名・ISBN・お名前・電話番号と該当するページや具体的な質問内容などを明記のうえ、お問い合わせください。

●電話やFAX等でのご質問には対応しておりません。なお、本書の範囲を超える質問に関しましてはお答えできませんのでご了承ください。

●インプレスブックス（https://book.impress.co.jp/）では、本書を含めインプレスの出版物に関するサポート情報などを提供しておりますのでそちらもご覧ください。

【落丁・乱丁本などのお問い合わせ先】
TEL　03-6837-5016
FAX　03-6837-5023
service@impress.co.jp
（受付時間　10:00～12:00、13:00～17:30／土日、祝祭日を除く）

●古書店で購入されたものについてはお取り替えできません。

書店／販売店の窓口
株式会社インプレス受注センター
TEL　048-449-8040
FAX　048-449-8041
株式会社インプレス出版営業部
TEL　03-6837-4635

ライフピボット

縦横無尽《じゅうおうむじん》に未来《みらい》を描《えが》く 人生《じんせい》100年時代《ねんじだい》の転身術《てんしんじゅつ》（できるビジネス）

初版発行　2021年2月21日
第1版第4刷発行　2021年8月21日

著者　黒田悠介《くろだゆうすけ》

発行人　小川 亨

編集人　高橋隆志

発行所　株式会社インプレス
〒101-0051 東京都千代田区神田神保町一丁目105番地
ホームページ https://book.impress.co.jp/

印刷所　株式会社廣済堂

ISBN978-4-295-01088-3　C0034
Printed in Japan